인공지능 예술 비즈니스

아트코리아랩총서

미디어 기술과 융합한 현대 예술을 탐색합니다. 달라진 예술의 지형과 의미를 소개하고, 기술의 활용과 쟁점을 제시합니다. 예술·기술의 깊은 이해가 창작과 향유의 역동적인 흐름을 만드는 데 기여하겠습니다.

일러두기

- 인명, 작품명, 저서명, 개념어 등은 한글과 함께 괄호 안에 해당 국가의 원어를 병기했습니다.
- 외래어 표기는 현행 어문규정의 외래어표기법을 따랐습니다.

인공지능 예술 비즈니스

오영진

대한민국, 서울, 커뮤니케이션북스, 2024

인공지능 예술 비즈니스

지은이 오영진

초판 1쇄 펴낸날 2024년 11월 15일

주관 (재)예술경영지원센터(대표 문영호)
03082 서울시 종로구 대학로 57 (연건동) 홍익대학교 대학로 캠퍼스
교육동 3층, 12층
전화 (02) 708 2244
webmaster@gokams.or.kr
www.gokams.or.kr

기획 아트코리아랩
03142 서울특별시 종로구 율곡로6 (중학동) 트윈트리타워 A동
지하 1층, 6층, 7층, 16층, 17층
전화 (02) 708 2222
akl@gokams.or.kr
www.artskorealab.kr

출판 커뮤니케이션북스(주)(대표 박영률)
출판 등록 2007년 8월 17일 제313-2007-000166호
02880 서울시 성북구 성북로 5-11
전화(02) 7474 001, 팩스(02) 736 5047
commbooks@commbooks.com
www.commbooks.com

ISBN 979-11-7307-125-6

책값은 뒤표지에 표시되어 있습니다.

차례

인공지능 예술 비즈니스의 가능성과 한계

인공지능 예술 비즈니스의 의미와 가치

생성형 인공지능을 활용해 예술품이나 새로운 작품을 만드는 일은 인공지능 기술을 사회에 실천하는 주요한 활동이라고 할 수 있다. 예술이 인간의 감정, 직관, 창의력의 산물로 여겨지는 영역이기 때문이다. 인공지능이 예술 작품을 창작하는 과정은 기술의 한계를 시험하고 이를 극복하는 실험장으로 기능한다. 예술 창작 과정에서 인공지능의 적용은 인간과 기술의 협력 가능성을 탐구하며, 창작의 경계를 넓히고 기술이 어떻게 창의적 과정에 기여할 수 있는지를 보여 준다. 이는 단순히 효율성을 높이는 도구로서의 인공지능을 넘어, 인간과 기계가 새로운 형태의 가치를 창출하는 협력 모델을 제시하는 것이다.

한편, 예술 비즈니스는 창의성, 기술, 경제적 교환 관계와 사회적 책임이 어우러진 영역으로, 사회적 변화와 혁신을 이끄는 중요한 동력이다. 예술 비즈니스는 경제적 이익을 넘어 인간의 삶의 질을 향상시키고, 다양한 사회적 이슈와 연대하는 가치를 실현하며, 창의적 혁신을 지속할 수 있는 생태계를 조성하는 데 중요한 역할을 한다.

따라서 생성형 인공지능은 예술 비즈니스에 적용됨으로써 중요한 사회적 가치를 창출한다. 인공지능은 때로는 사람들에게 낯설거나 두려운 존재로 여겨질 수 있지만, 예술 작품은 감상자들에게 친숙하고 감정적으로 다가가며, 이러한 기술에 대한 접근성을 높인다. 예술을 통한 비즈니스 모델은 사람들이 기술과 자연스럽게 접촉하고 이를 이해할 수 있는 기회를 제공하여, 기술에 대한 거부감을 줄이고 인식의 변화를 이끈다. 이러한 모델은 기술 혁신이 사회적으로 수용되고 내재화될 수 있는 기반을 마련하며, 경제적 관계를 통해 더 폭넓은 대화를 촉진하는 데 기여한다.

예술을 기반으로 비즈니스 모델을 만들어 내는 일은 단순히 경제적 이익을 위한 도구로 그치지 않는다. 생성형 인공지능을 활용한 예술 비즈니스는 더 많은 사람들이 창작 활동에 참여하도록 독려하고, 엘리트 중심의 예술 시장을 보다 포용적이고 다양화된 방향으로 전환시킨다. 이를 통해 예술적 가치를 사회 전반에 더욱 확산시킬 수 있으며, 다양한 문화적 배경과 관점을 포용하는 사회적 · 경제적 가치를 창출하게 된다. 다시 말해 사회에 새로운 기회를 제공하고 사회 문제를 해결할 수 있는 실천적인 방안을 제시하는 측면에서 큰 의미를 갖는다.

앞으로 생성형 인공지능 기술을 기반으로 하는 비즈니스 모델은 다양한 분야의 전문가들의 협업을 통해 새로운 제품과 서비스를 제공하며, 사회적 · 경제적 포용성을 확대하고 창의적 혁신을 촉진하는 중요한 동력이 될 것이다. 기술 발전으로 인한 일자리 변화 속에서 인간과 기술이 서로 보완하며 발전할 수 있는 환경을 조성하고, 경제적 이익과 사회적 가치가 조화를 이루는 지속 가능한 발전이 가능하도록 새로운 모범안을 만들어 가야 한다.

생성형 인공지능을 이용한 창의성 증강

인공지능이 예술 창작과 비즈니스에서 제공하는 기회는 상당히 크다. 인공지능 기반 창작 도구와 서비스는 예술가들에게 새로운 차원의 혁신을 가져다줄 잠재력을 지니고 있다. 예를 들어, 텍스트-이미지 변환 프로그램은 복잡하고 다양한 예술적 표현을 디지털화해 창작 과정을 효율적으로 변화시킨다. 이러한 기술은 단순히 창작 과정을 보조하는 데 그치지 않고, 예술적 사고와 표현을 확장시키며 예술가들이 새로운 창작 경로를 탐색하는 데 기여할 수 있다. 이에 따라 인공지능 창작 소프트웨어는 상용화 및 라이선싱을 통해 수익을 창출하고, 예술을 기술과 결합한 다양한 비즈니스 모델을 창출할 수 있는 기반을 마련한다.

인공지능은 예술가의 창작 과정을 돕는 강력한 도구가 될 수 있을 것이다. 특히 수많은 아이디어를 생성하는 발산적 사고 단계에서, 인공지능은 달리(DALL-E) 2, 이마젠(Imagen), 미드저니(Midjourney), 드림스튜디오(DreamStudio) 같은 텍스트-이미지 변환 프로그램을 통해 예술가에게 다양한 영감을 제공할 수 있다. 예술가는 인공지능이 생성한 이미지를 평가하고, 마음에 드는 이미지를 선택해 수정하거나, 새로운 아이디어를 떠올리는 데 이를 활용할 수 있다. 인공지능은 단순한 도구를 넘어 예술가의 협력 파트너로도 활동할 수 있다. 마이크 타이카(Mike Tyka)는 인터랙티브 딥드림(Iterative DeepDream)을 사용해 대규모 예술 작품을 창작했으며, 구글에서 엔지니어로 일하면서 예술가와 기계 지능 프로그램을 공동 설립했다. 또한 로봇 공학자이자 예술가인 핀다르 반 아르만(Pindar van Arman)은 로봇에게 그림 그리는 법을 가르치며, 로봇이 자신의 창의성을 증강한다고 믿는다. 기계와 함께 증강된 능력은 곧 비즈니스의 힘이 될 수 있다. 인공지능을 통해 증강된 창의성은 새로운 아이디어 생성, 효율성 향상, 협력적 창작, 그리고 혁신적 접근을 통해 비즈니스에 경쟁력을 제공하고 새로운 가치를 창출할 수 있다. 이 과정에서 증강된 능력으로 예술품의 가치도 창출하겠지만, 증강하는 과정을 비즈니스 모델로 만들어 일반 관객 혹은 독자에게 제공할 수도 있을 것이다.

관객 혹은 고객과 새로운 소통 창구로서 인공지능

예술 감상 분야에서 인공지능은 고객 경험을 새롭게 정의하고 데이터 활용을 통해 시장 가치를 창출할 수 있다. 인공지능은 소비자들의 선호를 분석해 개인 맞춤형 예술 작품을 추천하고, 이를 통해 고객 참여를 유도한다. 이런 개인화된 경험은 예술품을 디지털 플랫폼에서 판매하거나 전시하는 기업들에게 중요한 마케팅 도구로 작용할 수 있다. 박물관과 갤러리 역시 인공지능을 활용해 관람객의 데이터를 분석하고 전시 기획을 최적화함으로써 방문자 만족도를 향상시키고 재방문율을 높이는 데 성공할 수 있다. 더 나아가, 증강 현실(AR)과 가상 현실(VR) 기술이 인공지능과 결합하여 디지털 예술 체험을 확대하고, 새로운 비즈니스 모델을 창출하는 데 기여한다. 이를 통해 예술이 제공할 수 있는 경험의 폭이 넓어지고, 기업은 이런 변화에 발맞추어 지속적으로 성장할 수 있는 기회를 얻게 된다.

현재 인공지능은 다양한 예술 스타일을 학습해 이를 바탕으로 새로운 작품을 창조한다. 인공지능은 방대한 이미지 데이터베이스를 통해 훈련되어 사람들이 좋아하는 이미지의 패턴을 식별하고, 예술 작품에 대한 객관적인 분석을 제공한다. 단순히 '좋아요'를 표현하는 행위를 넘어 다양한 예술적 묘사와 감상에 대한 세분화된 분류를 통해 더욱 풍부하고 섬세한 예술 감상 능력을 발휘하고 있다. 예를 들어, 특정 이미지에 대해 '햇살 좋은 해변에서 뛰노는 아이들, 어린 시절 여름을 떠올리게 하는 즐거움을 불러일으키는 작품'이라고 묘사하면서 더 풍부한 해석의 기회를 인간 감상자에게 제공한다. 인공지능은 감정을 경험하거나 이미지를 이해할 필요 없이, 방대한 데이터를 통해 학습된 패턴을 기반으로 새로운 이미지에 대한 묘사와 감상을 제공할 수 있기 때문이다. 박물관과 미술관이 소장품을 디지털화하고, 온라인 플랫폼을 통해 전 세계의 예술 작품에 접근할 수 있게 되면서 예술에 대한 문턱이 낮아지고 있다. 인공지능은 이런 변화를 가속화해 더 많은 사람들이 예술을 즐기고 참여할 수 있도록 돕는다. 인공지능 기술은 예술의 민주화를 촉진하고 이를 비즈니스 모델로 바꿀 수 있다.

인공지능을 이용한 맞춤형 솔루션 개발

인공지능은 예술가와 기업 간 협업을 통해 맞춤형 콘텐츠와 솔루션을 제공하는 데 중요한 역할을 한다. 브랜드와 기업들은 AI 기반의 예술 작품을 활용하여 독창적인 광고와 마케팅 전략을 수립해 차별화된 소비자 경험을 선사한다. 이러한 협력은 예술적 감성과 기술적 접근을 결합해 새로운 시장 가치를 창출하고, AI를 통해 콘텐츠의 깊이와 품질을 높임으로써 예술과 비즈니스 간의 시너지 효과를 극대화한다. 나아가 인공지능 기반 창작 툴과 서비스를 구독형 모델로 제공하는 SaaS(Software as a Service: 서비스로서의 소프트웨어) 플랫폼은 예술가와 기업이 지속적으로 최신 기술을 활용하고 접근하도록 돕는 방안을 제시한다. 클라우드 기반으로 운영되는 이러한 서비스는 사용자와 AI 간의 상호 작용을 최적화하고 시장을 확장하는 데 기여하고 있다.

예상되는 한계와 부정적 전망

그러나 인공지능에 의해 손쉽게 늘어난 생산성을 상업적으로 사용하기에는 여전히 많은 문제가 있다. 상업적으로 인공지능 기반 아트워크(이하 'AI 아트'로 표현)를 활용하는 데 여전히 기계 기반 창작물의 저작권과 소유권 문제에 대한 명확한 규정이 없어 이에 대한 사회적 합의가 필요하다. 인공지능이 생성한 작품을 단순한 '도구'로 볼 것인가, 독자적인 창작물로 인정할 것인가, 나아가 기계 창작자라는 '대리자' 지위를 줄 것인가에 대한 논의가 미흡하다는 점에서 개선이 요구된다. AI 아트의 범용적 사용(universal use)은 인공지능 예술 창작의 효율성을 높이는 동시에 인간 예술가의 역할을 축소하거나 이들의 창의적 표현을 기계적 반복으로 전락시킬 수 있기 때문이다. 인공지능과 인간의 관계가 상호 보완적으로 발전할 수 있는 방식이 필요하다.

인공지능 기반 마케팅 캠페인은 소비자 데이터를 분석하여 목표화된 콘텐츠를 제공함으로써 성공적인 전략에 기여한다. 이는 데이터 기반의 맞춤형 콘텐츠를 통해 고객과의 소통을 강화하나, 인공지능이 생산하는 콘텐츠가 과연 고객과 정서적으로 연결될 수 있는지, 설령 성공하더라도 그 관계가 옳은지에 대한 의문은 여전히 남는다. 인공지능은 데이터를 바탕으로 한 분석과 빠른 생성에 능하다. 하지만 인간과 비대칭적 관계를 맺고 있어서, 데이터를 연산하는 기계와 기계를 의인화하는 인간 사이 발생할 수 있는 사회적 문제를 우리는 아직 겪어 보거나 제대로 가늠하지 못하고 있다.

마켓플레이스 개발, 교육과 워크숍, 인플루언서와의 협업, 큐레이션 서비스, 다른 산업과의 협업 등 여타 방법들도 AI 아트의 대중적 확산과 경제적 기회를 강조한다. 그러나 AI 아트가 인간 예술과 지나치게 경쟁하거나 대체하려는 태도는 지금까지 쌓아 온 예술의 본질을 훼손하며 속류화된 키치적 미감만 확대할 가능성이 높다. 시장의 논리에 매몰되어 인간과 기계의 공동 작업이 보여 줄 수 있는 창의적 가치가 희생되고, 싸구려 상품이나 서비스로만 전용될 가능성이 있다.

이 책의 구성과 내용

생성형 인공지능은 예술과 비즈니스에서 새로운 가능성을 열어 주는 강력한 도구로 자리 잡아 가고 있지만, 현재로서는 기술적으로나 사회적으로 완성 단계에 이르지 못한 점이 많다. 아직 생성형 인공지능 기술은 안정적인 예술의 방법론으로도, 비즈니스의 모델로도 사회적 인준을 받지 못했다는 것을 인정하자.

대신 이 책은 인공지능이 제시하는 기회를 심층적으로 탐구하고, 그 한계와 과제를 검토하며, 향후 발전을 위한 길을 모색하는 데 중점을 두었다. 따라서 생성형 인공지능이 예술 창작과 비즈니스 모델에 미치는 영향과 역할의 전망과 비판을 모두 담으려 노력했다.

1장은 예술가들이 인공지능을 창작 도구로 활용하여 생산성과 창의성을 증대시킨 사례를 다룬다. 미셸 황은 자신의 어린 시절 일기를 기반으로 AI 챗봇을 학습시켜 과거 자신과의 대화를 통해 자아 성찰과 치유를 경험했다. 알렉산더 레벤은 AI와의 협업을 통해 인간과 기계의 창의적 협력 가능성을 탐구하며, AI를 예술적 도구로 활용해 독창적인 작품을 제작했다. 이 과정에서 AI는 보조적인 역할에 그치지 않고 새로운 워크 플로를 만들어 내는 적극적인 대리자 역할을 수행했다.

2장은 인공지능 예술 비즈니스가 새로운 수익 기회를 제공하면서도 시장 포화, 창작 가치의 희석, 품질의 일관성 부족 등의 문제점을 안고 있음을 지적한다. 생성형 인공지능으로 만들어진 디지털 아트는 대량 생산이 가능하지만, 독창성과 희소성이 부족해질 위험이 있으며, 소비자의 기대를 만족시키지 못할 수 있다. 또한 데이터 편향성과 윤리적 문제도 여전히 해결되지 않은 과제로 남아 있다.

3장은 인공지능 예술 비즈니스가 앞으로 드러낼 잠재적인 위험 요소를 다룬다. 예술가들은 인공지능의 학습을 방해하거나 데이터를 교란하는 방식으로 저작권을 보호하기 위해 글레이즈(Glaze)와 나이트셰이드(Nightshade)와 같은 기술의 개발을 지지하고 있다. 또한 대두되는 '인간 증명' 문제는 인간 창작물과 인공지능 생성물을 구분하는 기준을 제공하며, 인간 창작자의 독창성과 인간과 기계 사이 윤리적 경계를 구분하는 방식으로 인공지능 예술 비즈니스 모델 개발을 쉽지 않게 할 것이다. 이러한 위험 요소의 회피 방법을 알아야 미래 인공지능 예술 비즈니스도 가능하다.

4장은 신조어 '에이아이디에이션(Aideation)'을 다룬다. 이는 인공지능이 아이디어를 구체화하고 창의적 과정을 지원하는 개념이다. 인간과 인공지능의 상호 작용은 창작의 효율성을 높이고, 새로운 비즈니스 모델을 제시하며, 창의성 증강 서비스로서의 가능성을 보여 준다.

5장은 생성형 인공지능 기반 시스템에서 사용자 경험 디자인(UXD)이 거대 언어 모델과 사용자의 관계를 어떻게 바꾸고, 그 과정이 곧 특정한 수행이 가능한 서비스 상품이 될 수 있는지를 논한다. 제한적이거나 일반적인 인터페이스는 상호 작용의 질을 떨어뜨리고 생성형 인공지능의 잠재성을 모두 사용할 수 없도록 만든다. UXD가 모든 서비스의 기본이지만 생성형 인공지능에서 특히 중요한 이유를 논증한다.

6장은 노트북LM(NotebookLM)의 팟캐스트 변환 기능이나 AI 던전(AI Dungeon)의 인터페이스가 왜 UXD의 중요한 사례인지 소개하고, 예술가와 스타트업이 어떻게 독창적이고 몰입적인 상호 작용을 만들어야 하는지 설명한다.

7장은 대체 현실 생성과 복원 예술 비즈니스에 관해 설명한다. 일명 '합성 기억' 프로젝트는 디지털 기술을 통해 개인의 잃어버린 기억을 복원하고, 심리적 위로와 정체성 회복을 돕는다. 난민 및 이민자 공동체와 협력해 가족사진과 과거 장면을 재구성하며, 치매 환자 지원에도 활용된다. 기억을 디지털화하여 개인적 내러티브를 풍성하게 하고, 심리 치료나 문화적 연대에 기여할 수 있는 새로운 비즈니스 기회를 제공한다.

8장은 생성형 인공지능이 가능케 한 사용자 맞춤형 예술 비즈니스를 다룬다. AI 아트를 활용한 사용자 맞춤형 콘텐츠 제작은 브랜드 충성도를 높이고 참여를 강화하는 데 효과적이다. AI 아트는 개인화된 경험을 제공하고, 차별화된 마케팅 전략의 핵심 도구로써, 고객과의 감정적 연결을 강화할 수 있다.

9장은 예술 마케팅 분석 도구로서 생성형 인공지능에 대해 논한다. 예술과 문화 산업에서 큐레이션, 전시 기획,

소셜 미디어 마케팅, 시장 분석 등에 활용되어, 관객 선호도 분석과 맞춤형 전시 기획에 기여하는 기술에 관해 설명한다.

10장은 미래 인공지능 예술 비즈니스에 대한 사변적 상상을 담았다. 생성형 인공지능을 활용한 꿈-예술가 비즈니스는 꿈에서 얻은 영감을 예술로 재현하는 가능성을 열어 줄 수 있다. 꿈-예술가 비즈니스는 예술가와 관객 모두에게 창의적 가능성을 제공하지만, 무의식의 상업화와 인간 창의성의 착취 문제에 대한 윤리적 논의가 필요하다.

결론적으로, 이 책은 생성형 인공지능이 예술과 비즈니스에서 갖는 현재의 가능성과 한계를 탐구하며, 이러한 기술이 앞으로 어떻게 더 나아갈 수 있을지를 함께 고민하고자 한다. 생성형 인공지능은 단순히 기술적 혁신의 결과물에 그치지 않고, 인간 창작자와의 협력을 통해 보다 의미 있는 새로운 영역을 열어 가고 있다. 이 같은 점을 고려해 지속 가능한 발전과 공존을 비즈니스의 모델로 만들어 가는 일 역시 중요하다. 이 책이 독자들에게 유익한 시각과 영감을 제공하길 바란다.

01

예술가가 인공지능으로 생산성을 높였던 방식

미셸 황은 어린 시절 일기를 AI 챗봇에게 학습시켜 과거 자신과 대화하는 실험을 함으로써 성찰과 치유의 시간을 가졌다. 알렉산더 레벤은 AI와 인간의 협력을 강조한 작품들을 통해 기술과 창의성의 융합을 보여 주며, AI가 인간 창작의 보조 도구로 기능할 가능성을 탐구한다. 챗GPT와 같은 AI는 예술 창작에서 보조적 역할을 하지만, 독창성과 창의성을 대체하지 못하며 여전히 저작권과 데이터 활용 문제 등으로 논란을 일으키고 있다.

내 삶을 시뮬레이션하기

미셸 황(Michelle Huang)은 2022년 자신의 어린 시절 일기에서 발췌한 텍스트를 AI 챗봇에게 학습시켜 과거의 자신과 실시간 대화를 나누는 실험을 진행했다. 그녀는 어린 시절의 성격과 믿음을 가장 잘 나타내는 일기 내용을 선별해 오픈AI(OpenAI)의 GPT-3 모델에 입력해, 과거 자신이 했을 법한 생각과 감정을 재현하는 응답을 생성하도록 했다. 이 과정은 단순한 자기 회고를 넘어, 과거와 현재의 자신을 연결하는 다리를 형성했다.

이 방식으로 미셸 황은 어린 시절의 두려움과 희망을 현재 시점에서 다시 마주하며 위로와 성찰의 시간을 가졌다. 특히 챗봇과의 대화는 과거의 자신에게 필요했던 위로와 격려의 말을 현재의 자신이 전해 줌으로써 상처받은 내면의 자아를 치유하는 의미 있는 실험으로 자리 잡았다. 그녀는 AI 기술이 인간의 내면 탐구를 심화할 수 있다는 가능성을 보여 줬다. 미셸 황의 실험은 누구나 자신만의 과거 기록을 기반으로 AI를 활용해 자신과의 대화를 시도할 수 있는 가능성을 제시한다. 개인의 데이터를 기반으로 AI를 학습시켜 자신만의 목소리와 대화를 만들어 가는 방식은, 기술과 자아 탐구를 융합하는 새로운 형태의 치유적 예술을 가능케 한다.

또한 미셸 황의 실험은 비즈니스적 관점에서 개인화된 AI 기술의 상업적 가능성을 보여 주는 강력한 사례로도 볼 수 있다. AI 기반의 자아 탐구 및 치유 프로그램은 정신 건강과 웰빙 산업에서 새로운 서비스 영역을 창출할 수 있으며, 고객 맞춤형 경험을 제공하는 데 큰 잠재력을 지닌다. 개인의 과거 데이터와 경험을 활용해 정서적 연결을 형성하는 AI 기술은, 보다 깊이 있는 사용자 경험을 제공하고 고객 충성도를 강화하는 도구로 활용될 수 있다. 특히 AI를 활용한 자기 성찰 프로그램은 기존의 상담 서비스와 결합하거나 독립적인 디지털 웰니스(wellness) 서비스로서 확장 가능성이 크며, 정신 건강과 개인 성장에 관심이 높은 현대인을 위한 시장을 구축할 수 있는 기회를 제공한다.

예술 창작 과정의 조언자로 받아들이기

알렉산더 레벤(Alexander Reben)은 2024년 3월 29일 잡지 ≪MIT 테크놀로지≫와의 인터뷰에서 자신의 예술적 방법론을 구체적으로 설명하며 다양한 AI 기술을 활용한 창작 과정을 소개했다. 그의 대표작 중 하나는 〈뚫어뻥들(The Plungers)〉로, 이 작품을 만들기 위해 그는 GPT-3에게 가상의 작가 이름, 작품 설명, 분석, 보충 텍스트 등 작품에 관한 모든 세부 정보를 생성하도록 요청했고, 기계는 1972년에 일명 뚫어뻥주의자들로 구성된 예술가 그룹이 있었다고 상상한다. 이어 정상적인 뚫어뻥과 점점 손잡이가 없어지는 일련의 뚫어뻥을 작품의 예시로 제시했다. 레벤은 그 아이디어를 실제 설치 작품으로 구현했다. 이 과정에서 레벤은 GPT가 생성한 수천 개의 아이디어 중 흥미로운 결과를 골라내는 작업을 수행하며, 기계가 제공하는 무작위성과 인간의 창의적 선택을 결합해 작업했다.

또 다른 공정을 통해, 레벤은 달리(DALL-E)와 같은 이미지 생성 AI 툴을 이용해 귀 조형물 〈이어 위 고 어게인(Ear We Go Again)〉을 제작했다. 이 작품은 GPT-3가 생성한 텍스트를 달리에 입력해 시각적 이미지를 만들고, 이를 다시 인간 아티스트가 3D 모델로 제작한 후, 로봇 조각 기술을 활용해 대리석으로 구현하는 과정을 거쳐 탄생했다. 그는 이 작업을 기계에서 사람으로, 다시 기계로 이어지는 연쇄적인 과정이라고 규정하고, 인간과 기계가 협력하여 창작하는 복잡성을 보여 주었다.

레벤은 작품 제작 과정에서 AI와 인간의 협력을 강조하며, 로봇과 AI 기술로 조각을 완성할 때도 세세한 부분은 인간 조각가가 수작업으로 다듬어야 한다고 말한다. 그는 기술과 인간의 협력을 통해 예술적 가치를 더하고, 반복적이고 상호 작용적인 과정을 통해 "연쇄적으로 기술을 연결"하며 예술 작품을 완성해 나간다. 이러한 방식은 예술을 기술적 자동화의 결과물이 아닌, 인간적 개입과 판단이 결합된 창의적 행위로 바라보게 만든다. 윌 더글러스와 함께 한 인터뷰에서 레벤은 다음과 같이 말한다.

"나는 나 자신을 'AI 아티스트'라고 부르지 않는다. 나에게 AI는 단순히 또 하나의 기술적 도구일 뿐이다. 내 관심사에 맞는 AI가 나온다고 해도 '저는 AI 전업 아티스트입니다'라고 말하지 않을 것이다."

인터뷰에서 그는 인간과 기계의 관계를 탐구하는 예술적 접근법에 대해 "나는 유머를 곁들여 우스꽝스럽게 이런 문제를 다룬다"면서 "매우 진지한 태도로 상황에 정면으로 맞서는 예술가들도 있지만, 내 경우 아무리 진지한 주제라고 하더라도 그것을 약간 황당하게 표현하면 전달하고자 하는 아이디어를 다른 사람들이 더 쉽게 받아들이게 만들 수 있다고 생각한다"고 말했다. 이러한 태도는 그의 예술 방식이 복잡한 문제를 친근하고 이해하기 쉽게 풀어내려는 시도를 담고 있음을 보여 준다.

레벤은 또한 기술과 인간의 관계에 대한 철학을 더욱 심화한다. 그는 "(과거) 우리가 만든 박시(Boxie)라는 로봇은 영상 작가이기도 했다. 우리는 박시를 이용해서 사람들을 인터뷰하다가 사람들이 이 로봇에 마음을 열고 마음속 깊은 이야기를 들려준다는 사실을 발견했다"며 기술이 인간과의 관계에서 감정적 연결을 만들 수 있음을 강조했다. 이러한 경험은 그가 예술과 기술의 경계에서 인간적인 접점을 찾으려 했던 시도로 읽힌다.

인공지능과 예술의 관계에 대해 레벤은 예술과 기술의 발전이 창의성에 미치는 영향을 논의하며 "우리는 여전히 예술 작업을 하면서 인공지능이 어떤 의미를 갖는지 알아가는 중이다"라고 말했다. 그는 기술이 인간의 예술적 창의성을 확장시킬 가능성을 언급하며, 새로운 기술이 예술가의 표현 방식과 창작 과정에 어떻게 영향을 줄 수 있는지를 탐구한다. 이를 통해 그는 인공지능이 예술가의 도구이자 협력자로서 미래의 예술을 변화시킬 가능성에 대한 깊은 통찰을 제공한다.

알렉산더 레벤의 인공지능 활용 사례는 단순한 창작 실험을 넘어 예술과 비즈니스의 새로운 융합 가능성을 보여준다. AI와 인간의 협업 모델 고안은 대량 생산이 일반화된 디지털 시장에서 차별화된 제품을 제공하는 데 중요한 요소로 작용한다. 이러한 독창성은 고객에게 단 하나밖에 없는 경험을 제공한다.

한편, 에릭 저우(Eric Zhou)와 도균 리(Dokyun Lee)는

2024년 3월 26일에 발표한 논문 "Generative artificial intelligence, human creativity, and art"에서 '생성적 공감각(generative synesthesia)'이라는 개념을 제시했다. 생성적 공감각은 인간과 AI의 탐구 방식을 융합하여 새로운 창의적 워크 플로를 발견하는 현상을 말한다. 예를 들어, 인간은 아이디어 구상 및 프롬프트 엔지니어링을 통해 창의성을 발휘하고 AI는 이를 즉각 시각적으로 구현하는 역할을 수행한다. 이 과정에서 인간과 AI의 피드백이 섞여 조정되어 서로 조화롭게 스며드는 현상을 의미한다. 이는 아이디어와 실행, 리뷰 사이에 격차나 지연이 생기는 인간 창작의 워크 플로와 달리 즉각적 적용과 확인이라는 기계적 연산의 힘이 보태진 결과라 할 수 있다. 이 관점에서 레벤의 시도는 기계가 인간에게 영감을 줄 수 있는가라는 단순한 질문을 넘어, 인간과 기계 사이 즉각적 실행과 리뷰의 관계를 통해 작품을 빠르게 향상할 수 있는지를 묻는 실험이라고 할 수 있다. 비즈니스적 관점에서 볼 때는 AI의 빠른 아이디어 생성과 피드백 과정을 통해 제품 개발 속도를 높이고 외부 변화에 신속하게 대응하는 일이라고도 규정할 수 있다.

여전히 아쉬운 인공지능의 능력들

인공지능이 예술 창작에 제한적이라는 논증은 다양한 사례와 연구를 통해 뒷받침되고 있다. 피오트르 미로브스키(Piotr Mirowski)가 이끈 구글 딥마인드 연구 팀은 인공지능을 창작 활동에 활용하는 프로 코미디언들의 경험을 연구했다.

코미디언 20명을 대상으로 한 AI 언어 모델(LLM: large language model) 실험은 인공지능이 창의적인 콘텐츠 제작에서 인간을 대체할 수 없는 이유를 잘 보여 준다. 연구 결과에 따르면 인공지능은 코미디 대본의 초안을 작성하거나 독백의 기본 구성을 생성하는 데 유용할 수 있지만, 진정한 의미의 유머를 창출하는 데는 한계가 뚜렷했다. 코미디언들은 인공지능이 생성한 콘텐츠가 예측 가능하고 지루하며, 그다지 독창적이지 않다고 평가했다. 이러한 평가는 인공지능이 창의성을 필요로 하는 예술 분야에서 단순히 보조 역할을 넘어 독립적으로 뛰어난 창작물을 만들어 내기에는 역부족임을 시사한다.

인공지능이 코미디 창작에 어려움을 겪는 이유는 인공지능의 작동 방식과 창의성 사이의 근본적인 차이에서 찾을 수 있다. 컬럼비아대학교의 컴퓨터 과학 연구원 투힌 차크라바티(Tuhin Chakrabarty)는 유머는 예측 불가능하고 부조화적인 사고를 기반으로 하기 때문에, 규범적인 데이터를 기반으로 학습하는 인공지능은 이를 재현하는 데 한계가 있다고 지적했다. 이는 인공지능이 예측 가능한 패턴을 통해 문장을 생성하는 데 그치는 반면, 진정한 창의적 사고는 기존 규범을 넘어서는 방식으로 이루어져야 함을 의미한다. 결과적으로, 인공지능이 생성한 유머는 기존의 틀을 벗어나지 못해 대중의 흥미를 끌기 어렵다는 평가를 받았다.

인공지능이 생성하는 코미디 콘텐츠의 품질에 대한 비판은 인공지능이 훈련된 데이터와 안전 필터링에도 일부 기인한다. 인공지능 모델은 인종 차별적이거나 폭력적인 콘텐츠 생성을 방지하기 위해 필터링된 데이터를 기반으로 학습하며, 이로 인해 특정 유머 코드를 생성하는 데 어려움을 겪는다. 예컨대, 인공지능이 특정 집단의 관점에서 코미디를 생성하는 데 어려움을 겪는다는 점은 편향성과 창작 한계를 동시에 보여 준다. 이러한 문제점은 인공지능이 예술 창작에서 인간의 대체자가 되기보다는 보조 도구로 기능할 수밖에 없음을 명확히 한다.

아직까지 인공지능은 예술 창작의 지루하거나 반복적인 부분을 도울 수는 있으나, 본질적인 독창성과 인간적 요소를 재현할 수는 없다는 판단이 있다. 인공지능이 예술 창작의 도구로서 긍정적 역할을 하는 순간도 있지만, 그 한계는 명확하며, 예술가와 기술 기업 사이의 권한 문제는 여전히 해결되지 않은 중요한 논쟁거리로 남아 있다.

챗GPT(ChatGPT)와 같은 인공지능 소프트웨어가 예술 창작계에 미치는 영향은 그 이점을 넘어 한계를 여실히 드러낸다. 기업가 칼 스테드먼(Carl Steadman)은 챗GPT를 통해 7시간 30분 만에 과학 소설을 집필·출판하는 데 성공했지만, 그는 인공지능을 하나의 도구로 여길 뿐 자신을 작가라고 생각하지 않는다. 이는 인공지능이 창의성과 독창성의 측면에서 인간을 대체하기 어렵다는 현실을 잘 보여 준다. 스테드먼의 소설은 인공지능 기술이 인간 승무원과 갈등을 빚는 이야기로, 그 자체가 인공지능에 대한 의문을 던진다. 그를 인터뷰한 웹진 'KUOW'의 마이크 데이비스는 챗GPT를 "스테로이드를 투여한 자동 완성"이라고 묘사한다.

또한 시인 알린 킴(Arlene Kim)은 예술과 인공지능의 융합을 시도하면서 데이터의 한계를 인식한 경험을 가지고 있다. 킴은 자신의 작품에 인공지능 소프트웨어를 사용해 새로운 시를 생성하지만, 그 기반이 되는 데이터는 자신의 고유한 말과 스타일로 한정되었다. 챗GPT와 같은 인공지능 모델을 사용하는 모든 창작자는 기계가 보편적으로 학습한 언어의 한계를 넘어서기 어려우며, 이는 창작 과정에서 본질적으로 불리한 위치에 놓이게 한다.

앞서 언급한 에릭 저우와 도균 리의 연구에 따르면, 생성형 인공지능 도구를 채택한 예술가들이 제작한 작품의 가치는 3개월 후부터 지속적으로 증가해 6개월 후에는 특정 아트 플랫폼에서 인간 사용자들에게 '좋아요'를 받을 확률이 50% 증가했다고 한다. 그러나 이후 인공지능 보조 예술 작품의 평균적인 참신성은 감소하는 경향이 있다고 지적한다.

또 소수의 예술가만이 '생성적 공감각'의 워크 플로를 통해 높은 참신성 점수를 확보하는 데 성공했다는 이중성을 지적한다. 이들은 딥러닝 모델과 코사인 유사도를 활용하여 작품의 독창성을 정량화하고, 시간 변화에 따른 참신성 변화를 추적했다. 즉, 생성형 인공지능 도입에 의해 갑자기 획득한 참신성은 인간 독자에게 '좋아요' 표현을 받는 요인이 맞지만 시간이 흐른 뒤 대부분 작품들의 참신성 평균은 특정 구간에서 고착화되고 있다는 것이다. 이는 생성형 인공지능이 모두가 예술가가 되도록 도울 수는 있지만 더 좋은 예술가가 되는 일까지 보장하지는 않는다는 말로 요약된다. '생성적 공감각'이라는 인간 기계 간 긴밀한 워크 플로의 발명 혹은 획득의 유무가 예술 비즈니스의 관점에서도 중요해진다.

참고문헌

Damiani, J.(2020.10.1). In This Exhibition, An AI Dreams Up Imaginary Artworks That Artist Alexander Reben Then Creates IRL. *Forbes.* https://www.forbes.com/sites/jessedamiani/2020/09/21/in-this-exhibition-an-ai-dreams-up-imaginary-artworks-that-artist-alexander-reben-then-creates-irl

Davis, M. & King, A.(2023.2.17). ChatGPT infiltrates the arts world. *KUOW.* https://www.kuow.org/stories/chatgpt-has-infiltrated-the-arts-world

Denkmann, L., Davis. M., & Burrows. J.(2023.2.22). Artists vs. AI: where innovation meets unwelcome imitation. *KUOW.* https://www.kuow.org/stories/this-story-was-not-written-by-chatgpt

Heaven, W. D.(2024.4.8). 'AI 예술'도 예술인가? 오픈AI의 첫 입주 작가에게 창의성에 대해 물었다. *MIT Technology Review.* https://www.technologyreview.kr/%EC%98%A4%ED%94%88ai%EC%9D%98-%EC%B2%AB-%EB%B2%88%EC%A7%B8-%EC%9E%85%EC%A3%BC-%EC%95%84%ED%8B%B0%EC%8A%A4%ED%8A%B8%EC%99%80%EC%9D%98-%EB%8C%80%ED%99%94/

Katz, L(2023.1.4). She Brought Her Younger Self Back to Life as an AI Chatbot. *CNET.* https://www.cnet.com/science/she-brought-her-younger-self-back-to-life-as-an-ai-chatbot-to-talk-to-her-in ner-child/

Williams, R.(2024.6.24.). 코미디언 20명의 AI LLM 실험, 결과는 신통치가 않다. 그 이유는?. *MIT Technology Review*. https://www.technologyreview.kr/20%EB%AA%85%EC%9D%98-%EC%BD%94%EB%AF%B8%EB%94%94%EC%96%B8%EC%9D%B4-ai%EB%A1%9C-%EC%BD%94%EB%AF%B8%EB%94%94-%EC%95%84%EC%9D%B4%EB%94%94%EC%96%B4%EB%A5%BC-%EC%9E%91%EC%84%B1%ED%96%88%EC%9D%84-%EB%95%8C/

Zhou, E. & Lee, D.(2024.3.3). Generative artificial intelligence, human creativity, and art. *Oxford Academic*. https://academic.oup.com/pnasnexus/article/3/3/pgae052/7618478

02

인공지능 예술 비즈니스의 문제점

AI 아트의 발전은 새로운 수익 기회를 제공하지만 시장 포화와 창작 가치의 희석, 품질의 일관성 부족 등의 문제점을 안고 있다. 디지털 아트 판매, KDP 컬러링 북, NFT 등의 활용은 과포화된 시장과 창작자들 사이의 경쟁을 심화할 수 있다. AI는 인간 창작자를 대체하기보다는 보완하는 방식으로 활용하고, 성급한 수익화 이전에 윤리적 측면과 예술 본질에 대한 깊은 사회적 논의가 필요하다.

AI 아트를 활용한 수익화 모델의 결과물 획일화 문제

생성형 인공지능 기술의 급속한 발전은 AI 아트를 새로운 수익 창출 기회로 자리 잡게 하고 있다. 동시에 이런 흐름에 비판적인 시각도 제기되고 있다. AI 아트는 아트워크 생산의 민주화를 촉진하고 다양한 비즈니스 모델을 창출하는 데 기여할 수 있지만, 과연 이러한 방향성이 모든 측면에서 긍정적인지는 면밀히 따져 볼 필요가 있다.

먼저, 디지털 아트 다운로드와 주문형 포스터 인쇄물 판매 행위는 큰 시장 잠재력을 내포하고 있다. 엣시(Etsy) 같은 독립 창작자를 위한 플랫폼에서는 생성형 인공지능 기반으로 생성한 디지털 아트를 판매할 수 있다. 엣시는 접근성과 속도를 높이고 개인의 창의성을 다양하게 표현할 수 있는 장점을 제공한다. 그러나 이와 동시에 이 시장은 이미 포화 상태에 이르렀다는 우려를 낳고 있다. 누구나 쉽게 AI 도구를 사용할 수 있게 되면서, 디지털 아트의 가치가 희석되고 가격 경쟁이 심화되는 상황이 벌어질 수 있다. 특히 독창성과 희소성이 점점 사라지는 현실에서, AI 아트는 대량 생산된 디지털 자산으로 전락할 위험이 있다.

다른 예로, KDP(Kindle Direct Publishing: 작가와 출판

사가 독립적으로 자신의 책을 출판할 수 있는 시스템을 제공하는 플랫폼)를 통한 자체 컬러링 북 제작은 흥미로운 시도로 보일 수 있다. 인공지능은 정교하고 다양한 일러스트레이션을 만들어 주며, 이를 통해 다양한 주제의 컬러링 북을 자체 제작할 수 있다. 그러나 기계가 생성한 작품이 정형화될 경우, 소비자들이 느끼는 가치가 줄어들 수밖에 없다.

틈새시장을 겨냥한 동화책 제작 역시 AI 아트의 무한한 가능성을 보여 주지만, 특정한 표현의 한계를 지닌다. 인공지능은 특정 주제나 캐릭터를 시각적으로 표현하는 데 도움을 줄 수 있지만, 반복적이고 일관된 캐릭터 재현이 아직은 어려울 수 있으며, 스토리와 감정 표현에서 인공적이고 무미건조한 느낌을 줄 위험이 있다.

AI 아트 스톡 이미지 시장은 이미 경쟁이 치열하며, AI 아트가 범람하게 되면 기존 창작자들이 수익을 창출하기 어려워진다. AI 아트는 창의성의 양적 확장을 가능하게 하지만, 동시에 예술성과의 경계가 모호해지고 진정한 창작과 소비자의 기대 사이에서 혼란을 일으킬 뿐이다. 한때 게티 이미지(Getty Images)와 같은 일부 플랫폼에서 AI 이미지를 금지한 일은 AI 아트가 저작권 문제나 데이터베이스 활용의 윤리적 논란을 동반할 수 있음을 시사한다. 이후 게티 이미지는 자체 엔진을 통해 AI 아트를 제공하고 있지만 이에 대한 기여도 측정과 카테고리 구분을 엄격히 하는 편이다.

AI가 생성한 작품은 사용자 맞춤형이라는 측면에서 흥미롭지만, 고객의 기대와 인간적 터치를 얼마나 만족시킬 수 있는지가 관건이다. '맞춤형'이라는 명목을 가지고 있음에도 불구하고 AI가 생성하는 작품이 단조롭거나 예측 가능한 패턴에 그칠 경우, 소비자들은 일회성의 경험으로만 소비할 가능성이 크다.

사용자가 입력한 텍스트 프롬프트와 관계없이 특정 여성의 얼굴이 생성형 인공지능 서비스인 미드저니(Midjourney)에서 반복적으로 생성되는 현상을 '미스 저니'라고 하는데, 이는 미드저니 사용자들 사이에서 독특한 스타일로 자리 잡았다. 미드저니는 방대한 인터넷 데이터를 학습하여 이미지와 텍스트를 기반으로 결과물을 생성하지만, 개발 팀조차 '미스 저니'의 기원을 명확히 밝히지 못하고 있다. 다만, 12개의 학습 데이터 세트 중 하나에서 유래한 것으로 추정할 뿐이며, 해당 얼굴이 어떻게 모델에 깊이 각인되었는지는 여전히 미스터리로 남아 있다.

이 현상은 AI가 학습한 데이터를 기반으로 평균적이고 빈번한 특성을 과도하게 반영하는 경향을 보여 준다. '미스 저니'의 반복 생성은 AI가 특정 이미지나 패턴에 편중되었을 때 다양성을 제한하고, 특정 외모나 스타일을 표준처럼 고정화하는 문제를 야기한다. 이는 미드저니와 같은 AI 모델이 예술적 창작의 영역에서 기대되는 창의성과 다양성을 제한할 수 있다는 우려를 낳는다. 반복적으로 생성되는 특정 이미지로 인해 AI 작품이 획일화될 위험이 있으며, 다양한 문화적 배경이나 인종적 특성을 제대로 반영하지 못할 경우, 무의식적으로 편향된 결과를 초래할 수 있다.

뿐만 아니라, 특정 집단이나 외모에 대한 고정관념을 강화할 가능성이 있으며, 이는 사회적 편향성을 재생산할 수 있으므로 무척 위험하다. 미드저니 개발 팀은 이 같은 문제를 인지하고 알고리즘의 개선을 통해 다양한 얼굴과 스타일을 표현하도록 노력하고 있지만, AI의 구조적 편향성을 해결하기 위해서는 끊임없는 데이터 개선과 연구가 필요한 상황이다. 결국, '미스 저니' 현상은 AI 기술이 인간의 창작 활동에 새로운 가능성을 열어 주면서도, 동시에 예상치 못한 획일화된 결과를 초래할 수 있음을 경고하는 상징적인 사례다.

때문에 생성형 인공지능 기반 주문형 제품 제작은 AI 아트의 상업적 활용 가능성을 확장하지만, 이는 종종 창의적 가치보다 상업적 측면만 부각하는 문제를 야기한다. AI가 대량으로 제작한 티셔츠, 스티커, 머그잔 등의 상품은 시장에서 차별화가 점차 어려워지고, 창작의 가치가 퇴색될 위험이 있다. 특히 저렴한 제작 비용으로 대량 생산이 가능하기 때문에, 가치 있는 예술로서 브랜딩을 구축하는 데는 어려움을 겪을 수 있다.

NFT(non-fungible token: 대체 불가능한 토큰)는 디지털 예술 시장에서 가치 있는 자산으로 여겨진다. AI 아트 기반의 NFT는 기술적으로는 소유권과 희소성을 제공하지만, 동시에 빠른 가치 변동과 불확실성이 존재한다. 역시나 과잉 공급과 시장 내 포화는 NFT로 발행된 AI 아트의 가치를 쉽게 떨어뜨릴 수 있다.

예술 비즈니스라고 하기에는 부족하나 AI 아트에 대한 강연과 교육은 지식 공유와 수익 창출의 기회를 제공한다. 하지만 이 또한 지나치게 상업화되거나 대중적인 흥미에만 집중할 경우 첨예한 AI의 윤리적 문제와 한계를 깊이 다루지 못해 단명할 가능성이 있다. AI 아트를 단순히 새로운 도구나 당장의 비즈니스 모델로만 소비하는 대신, 기술과 예술의 경계와 미래 지향적 가치를 더욱 진지하게 논의할 필요가 있는 것이다.

기술 혁신과 인간 창작자의 균형, 그리고 사회적 협의가 필요한 이유

생성형 인공지능 기반 예술 비즈니스는 혁신적인 가능성과 함께 도전과 한계에 직면해 있다. AI 아트는 창작의 민주화와 새로운 비즈니스 모델을 제시하지만, 동시에 예술의 본질적 가치와 인간 창작자의 역할에 대한 근본적인 질문을 제기한다. 디지털 아트 시장의 포화, 창작물의 독창성과 희소성 감소, 그리고 AI 생성 작품의 품질 일관성 문제는 이 분야의 지속 가능한 성장에 걸림돌이 될 수 있다.

또한 예술가들의 권리 보호, AI 모델의 편향성, 저작권 문제, 예술 시장 붕괴 가능성 등 해결해야 할 과제도 산적해 있다. AI 플랫폼의 수익 창출 모델은 지속 가능한 성장을 위해 개선이 필요하다. 높은 운영 비용은 서비스 가격 상승을 초래할 수 있으며, 현재 구독 서비스에 의존하는 거대 언어 모델이나 이미지 생성 모델의 장기적인 수익성을 보장하기 어렵다. 작품 판매, 라이선스, 협업 프로젝트 등 다양한 수익 창출 방안을 모색해야 한다.

AI 모델 학습에 사용되는 방대한 데이터는 무분별하게 수집될 수 있으며, 그럼으로써 예술가들의 저작권을 침해할 위험이 크다. 예술가들의 창작물이 동의 없이 AI 학습에 활용될 경우, 창작 생태계는 지속 가능성을 위협받는다. 저렴한 비용으로 빠르게 이미지를 생성하는 AI는 예술가들과의 경쟁 환경을 불공정하게 만들고, 오히려 예술 시장의 가격 구조를 붕괴시킬 우려가 있다. 예술가들에게 정당한 보상을 보장하지 않으면, 예술 비즈니스 생태계는 심각한 위기에 처할 수 있다.

AI를 단순한 도구나 인간 예술가의 대체재가 아닌, 인간의 창의성을 증폭시키고 새로운 예술적 표현을 가능케 하는 보완재로 활용하는 방안을 고민해야 한다.

미드저니의 설립자 데이비드 홀츠(David Holz)는 제임스 빈센트(James Vincent)와 한 인터뷰에서 AI를 물에 비유한다. 물은 위험할 수 있지만 동시에 인류 문명의 발전을 이끌어 온 필수 자원이라는 것이다.

> "지금 사람들은 AI가 무엇인지 전혀 이해하지 못합니다. 사람들은 AI를 호랑이로 봅니다. 호랑이는 위험합니다. 저를 먹을 수도 있어 적대자입니다. 그리고 물속에도 위험이 있습니다. 물에 빠져 죽을 수도 있습니다. 하지만 흐르는 물의 위험은 호랑이의 위험과 매우 다릅니다. 물은 위험하지만, 수영도 할 수 있고, 배를 만들 수도 있고, 댐을 쌓고 전기를 만들 수도 있습니다."

생성형 인공지능을 특정한 객체성을 가진 호랑이가 아닌 공공재이자 자원인 물에 비유하는 발상이 흥미롭다. 문제는 편향성이나 획일화 문제를 원천 기술을 가진 거대기업에서 기술적으로 해결하지 않는다면, 그 아래 수원에서 물을 받아 쓰는 스타트업이나 개인이 대응할 수 있는 방안은 그리 많지 않다는 것이다. 이 물을 우리가 임의로 정수해서 먹을 방법이 없다는 점이 제일 큰 문제다.

인공지능 예술 비즈니스의 성공 여부는 기술의 혁신성과 인간 창작자의 고유한 감성, 그리고 소비자들이 더 좋은 예술적 가치를 알아보는 안목이 균형을 이루느냐에 달려 있다. 기술 개발자, 예술가, 정책 입안자, 소비자 간의 지속적인 대화와 협력이 필요한 이유다. 인공지능 예술 비즈니스의 미래는 우리가 예술과 창의성의 본질에 대해 어떤 가치를 부여하고 어떻게 정의 내리느냐에 따라 결정될 것이다.

참고문헌

Vincent, J.(2022.8.3.). “An engine for the imagination”: the rise of AI image generators. *The Verge.* https://www.theverge.com/2022/8/2/23287173/ai-image-generation-art-midjourney-multiverse-interview-david-holz

03

인공지능 예술 비즈니스의 잠재적 위험 요소

AI 생성 이미지 모델이 예술가들의 작품을 무단 학습하자, 예술가들은 이를 막기 위해 '글레이즈'와 '나이트셰이드' 같은 도구를 개발했다. '저작권 함정'은 콘텐츠 보호를 강화하지만 완벽한 탐지와 제거에는 아직 한계가 있다. 이러한 기술은 AI와 창작자 간의 협력과 저작권 보호 논의를 촉진하고 있다. 이제 인간이 손수 만든 작품임을 보증하는 '인간 증명'이 필요한 시대가 되었다.

인공지능 학습을 역추적하는 예술가와 기술자들

달리 2, 미드저니, 스테이블 디퓨전(Stable Diffusion) 같은 이미지 생성 모델이 생성형 인공지능 붐을 일으키자 예술가들은 자신들의 작품이 AI가 만든 이미지와 유사하다는 점을 발견하기 시작했다. 특히 자신의 작품이 방대한 데이터 세트에 수집되어 AI 모델을 학습시키는 데 사용되었다는 사실을 알게 되면서 충격을 받았다. 많은 예술가가 AI 도구로 생성된 이미지 때문에 일자리를 잃었고, 더 낮은 보수를 감수하면서도 AI를 활용한 작업을 강요받기도 했다.

이러한 상황에서 예술가들은 반격을 시작했고, 그 중심에 시카고대학교의 컴퓨터 공학 박사과정 학생 숀 샨(Shawn Shan)이 있다. 그는 얼굴 인식 기술로부터 얼굴을 보호하는 포크스(Fawkes)라는 도구를 개발한 경험을 바탕으로 AI에 의해 피해를 입은 예술가들을 위해 글레이즈(Glaze) 알고리즘을 만들었다. 글레이즈는 AI가 예술가의 스타일을 모방하지 못하도록 보호하며, 나이트셰이드(Nightshade)라는 또 다른 도구는 AI 모델의 학습 데이터에 독(poison)을 주입해 모델의 예측 능력을 손상한다.

숀 샨이 개발한 기술은 예술가들이 AI로부터 자신의 창작물을 보호하도록 돕는 데 중점을 둔다. 글레이즈라는 기술은 예술가의 작품에 보이지 않는 변화를 가해 AI 모델이 작품의 스타일을 모방하거나 학습하는 것을 방해한다. AI가 예술가의 작품을 분석하지 못하게 함으로써, 무단 모방과 스타일 도용을 막고 예술가의 창의성을 보호할 수 있게 된다.

나이트셰이드는 AI 모델이 예술가의 이미지를 학습하려 할 때 데이터를 교란시키고 모델의 예측을 왜곡하도록 설계되었다. 이미지에 '독'을 추가해 AI 모델의 학습을 방해하고, 모델에 충분한 교란을 주입함으로써 예측 능력에 영구적인 손상을 입힐 수 있다.

이 두 기술은 모두 AI 모델이 이미지를 인식하고 해석하는 방식을 혼란시키는 방식으로 작동하며, 인공지능이 무단으로 예술가들의 스타일과 창작물을 학습하거나 복제하는 것을 방지하도록 돕는다. 숀 샨과 그의 동료들은 예술가들의 의견을 수렴하며 저작권 보호 기술을 지속적으로 발전시키고 있으며, 이 기술은 수백만 회 다운로드되며 큰 반향을 일으켰다. 이들은 AI 기술 기업들이 예술가들과 협력할 수 있는 길을 모색하고 있으며, 숀 샨은 향후 AI 규제에 도움이 될 도구들을 개발할 계획이라고 한다.

임페리얼 칼리지 런던 연구 팀이 개발한 저작권 함정

(copyright trap)은 AI 모델이 저작권이 있는 콘텐츠를 무단으로 학습하지 못하도록 설계된 도구다. 텍스트나 데이터 내에 은밀한 표시를 남겨 AI 모델이 이를 학습했는지를 확인할 수 있게 한다. 이들은 불법 복제본을 감지하기 위해 지도에 유령 도시를 표시했던 20세기 초 지도 제작자에게서 영감을 얻어, 저작권 함정을 만드는 고유한 가상 문장을 원본 텍스트에 주입해 훈련된 LLM에서 그 콘텐츠를 감지할 수 있는 방법을 연구했다. 이 기술은 예술가와 콘텐츠 제작자들이 자신의 창작물을 보호하는 데 중요한 역할을 한다. 저작권 함정은 AI 기술과 콘텐츠 소유자 간의 투명성을 높이며, AI가 콘텐츠를 학습할 때 저작권 보호를 강화할 수 있는 수단으로 활용될 수 있다.

저작권 함정은 AI 모델의 무단 학습을 방지하는 유용한 도구로 여겨지지만, 여전히 많은 한계를 안고 있다. 전문가들은 함정이 포함된 콘텐츠를 AI가 탐지해 제거할 수 있어 완벽한 보호책이 되지 못한다고 지적한다. 특히 함정이 많은 단어 구문을 반복적으로 삽입할 경우 원본 텍스트의 가독성을 떨어뜨릴 위험이 있으며, 데이터 중복 제거 기술을 사용하는 기업들이 함정이 포함된 데이터를 걸러낼 가능성도 높다. 더 나아가, 함정을 인지한 공격자들은 이를 우회하거나 제거할 방법을 개발할 수 있기 때문에,

저작권 보호의 효과가 일시적일 수 있다. 이러한 문제로 인해 저작권 함정은 AI 모델을 단순히 불편하게 만드는 임시방편적인 장치로 여겨질 수 있으며, 장기적이고 지속적으로 저작권을 보호하기 위해서는 보다 개선된 접근법이 필요하다는 목소리가 나온다. 그러나 저작권 함정은 완벽하지 않더라도 콘텐츠 소유자와 AI 기술 기업 간의 협상을 촉진할 수 있는 도구로 주목받고 있다. 말하자면 저작권 함정 기술 자체가 또 다른 비즈니스라는 것이다.

예측 가능한 비즈니스 위험 요소들

비즈니스 관점에서 보면, 생성형 AI의 부상과 예술가들이 대응하기 위해 개발한 기술에는 다음과 같은 주요 리스크가 있다.

첫째, 법적 리스크다. AI 모델이 예술가의 작품을 학습 데이터로 사용함으로써 발생하는 저작권 침해 문제가 핵심이다. 이러한 논란은 AI 회사가 고소당할 가능성을 높이며, 법적 비용 증가와 함께 평판 손상을 초래할 수 있다. AI 기술이 창작자의 권리를 보호하지 못한다면 더 큰 소송이나 규제 강화로 이어질 위험이 있다.

둘째, 윤리적 리스크다. AI 모델이 예술가들의 스타일을 무단으로 모방하면서 창작자들의 권리를 침해할 경우,

기술에 대한 윤리적 논란이 커질 수 있다. 이로 인해 소비자와 파트너 회사들이 AI 도구의 윤리성에 의구심을 가질 가능성이 있으며, 신뢰도 하락으로 이어질 수 있다.

셋째, 시장 경쟁 리스크다. AI 도구로 인해 예술가들의 일자리 감소와 낮은 보수 문제가 발생하면, 예술계와 기술계 사이의 갈등이 심화될 수 있다. 이는 AI 기술 기업에 대한 반감이 형성되고 시장에서 경쟁력을 약화하는 요인이 될 수 있다. 예술가와 AI 기업 간의 협력 모델이 구축되지 않는다면, 장기적으로 상호 반목이 시장의 성장을 저해할 수 있다.

넷째, 기술적 리스크다. 숀 샨이 개발한 글레이즈와 나이트셰이드는 AI 모델의 학습을 방해하거나 왜곡하는 방식으로 작동하는데, 이는 AI 기술의 안정성과 신뢰성을 약화할 수 있는 잠재적 위험이 된다. 만약 이러한 도구가 광범위하게 사용되면, AI 모델의 예측과 학습 데이터의 무결성이 손상될 가능성이 높아져 기술의 활용성과 정확성을 떨어뜨릴 수 있다.

다섯째, 규제 리스크다. AI 기술에 대한 저작권 보호와 투명성을 강화하기 위한 새로운 법적·규제적 요구가 증가할 가능성이 높다. 이는 AI 기업들이 추가적인 규제 준수 비용을 부담하고, 비즈니스 전략을 조정해야 하는 상황을 초래한다.

여섯째, 신뢰와 평판 리스크다. AI 기업이 예술가들의 권리를 제대로 보호하지 못하거나 무시할 경우, 사회적 책임과 공정성 문제로 인해 고객과 파트너의 신뢰를 잃을 수 있다. 또한, AI 기업이 기술을 악용하거나 저작권을 침해하는 것으로 인식되면, 해당 기술에 대한 대중의 인식도 부정적으로 바뀐다.

마지막으로, 경제적 리스크다. 예술가와 AI 기업 간의 갈등이 해결되지 않고 지속될 경우, AI 도구의 채택과 비즈니스 기회가 축소될 위험이 있다. AI 기술이 시장에서 큰 반발에 부딪치거나 기존 창작업계의 반대로 확산에 제약이 생길 수 있으며, 이는 수익성 악화로 이어진다. 이는 앞선 장에서 이미 다룬 주제이기도 하다.

인간 증명의 대두

'인간 증명' 문제는 특정 예술품이나 생산품이 인간 창작자에 의해 제작되었음을 증명하려는 시도에서 비롯된 개념으로, 생성형 AI의 급부상과 함께 더욱 복잡해지고 있다. AI가 예술, 문학, 음악 등 인간의 창조적 영역에서 유사한 창작 능력을 보일수록 인간 창작자의 독창성과 AI가 생성한 콘텐츠 사이의 경계를 명확히 하고 보호할 필요성이 커지고 있다. 이러한 문제는 기술적이고 법적인 측면에 국한되지 않고 인간의 정체성과 창조성, 그리고 기술의 역할에 대한 미학적 · 철학적 논의로 확장된다.

이와 관련하여 대니얼 데닛(Daniel Dennett)과 수전 슈나이더(Susan Schneider)는 '위조 인간(Counterfeiting Humans)' 대담에서 AI가 인간처럼 행동하고 자신을 인간으로 가장하는 사례에 대해 논의하면서, 이러한 '위조 인간'이 사회적 신뢰를 훼손할 가능성을 경고했다. 데닛은 위조 화폐가 사회적 · 경제적 신뢰를 파괴하는 것처럼 인간을 사칭하는 AI가 사회적 상호 작용의 신뢰를 약화할 수 있다고 주장하며, 인간처럼 행동하는 AI의 개발과 사용을 범죄로 규정할 필요성을 강조했다. 이러한 경고는 단순한 기술적 경계를 넘어 윤리적 · 법적 책임 논의를 촉진하며, AI의 투명성을 보장하는 장치를 마련해야 한다는 주장을 뒷받침한다.

데닛의 주장에 따르면, 인공지능이 인간과 유사한 창작 활동을 수행하는 상황에서는 이들이 인간의 의식과 창조성을 진정으로 이해하고 재현할 수 있는지, 그리고 이러한 시도가 인간 본연의 창조적 본질을 위협하는지 철학적 고민이 수반된다. 이러한 맥락에서 철학자와 인지 과학자들은 지각 능력이 없는 AI와 관계를 맺는 방식에 대해 사람들을 교육할 필요가 있다고 보았다. 즉, AI 시스템이 지각 능력을 가진 것으로 착각하는 일은 피해야 하며, 인간과 AI 간의 차별성을 유지하고 이를 기반으로 한 법적 · 윤리적 프레임워크를 마련해야 한다는 점을 강조했다.

수전 슈나이더는 AI가 인간과 유사한 방식으로 행동할 수 있으나 본질적 지각 능력을 가지지는 않는다고 설명하며, AI와의 상호 작용이 인터넷을 통해 일상화될 경우 사회적 상호 작용에 미칠 영향에 대한 고민도 함께 제기했다. AI가 인간의 창작과 관련된 법적 · 윤리적 문제에 어떻게 개입해야 하는지에 대한 논의는 AI의 공공 사용과 책임성을 규제하는 데 중요한 기준이 될 수 있다.

'인간 증명' 문제는 인간의 창조성과 정체성을 보호하고 강화하는 방향으로 발전해야 하며, 기술의 윤리적 활용과 사회적 책임을 위한 새로운 비즈니스 모델과 법적 틀을 모색할 수 있는 기회로 작용할 수 있다. 예술가와 기술 기업의 협력은 AI가 인간 창작자의 능력을 보완하는 도구로 작용할 수 있는 가능성을 열어 줄 뿐만 아니라, 인간 창작자가 중심이 되는 새로운 창작 생태계의 구축을 통해 창의성의 의미를 재정의할 수 있는 계기가 될 수 있다. 인간 증명 문제는 단지 인공지능을 사용하지 말자는 러다이트주의적 사고방식을 의미하는 것이 아니라 인간의 역할을 규준으로 남기려는 노력으로 이해해야 한다. 바로 이 지점에서 새로운 비즈니스 아이디어가 펼쳐질 수 있는 것이다.

'인간 증명'은 단순히 인간 창작자의 독창성과 AI가 생성한 콘텐츠 간의 경계를 나누는 것을 넘어, 새로운 비즈니스 모델로 발전할 수 있는 가능성을 갖추고 있다. 생성형 AI가 창작 과정에서 인간과 유사한 결과물을 생산할 수 있게 됨에 따라, 인간이 만든 창작물의 진정성과 고유성을 보증하고 이에 부가 가치를 부여하는 서비스나 상품은 점차 중요해질 수밖에 없다. '인간 증명'은 인간이 만든 작품이라는 사실을 인증하고 이를 차별화하는 시장의 기회로 작용할 수 있다.

'인간 증명'은 인증과 보증 서비스로 발전할 수 있다. 예를 들어, 특정 작품이나 창작물이 인간에 의해 만들어졌음을 보증하는 디지털 인증서나 스마트 계약이 부착된 NFT를 통해 거래할 수 있을지도 모른다. 이 인증서는 해당 창작물이 인간의 손길과 창의력으로 만들어졌다는 것을 증명하며, 소비자들에게 고유성과 신뢰성을 제공한다. 이는 예술품, 문학 작품, 음악, 디자인 등 다양한 창작 분야에서 인간 창작물의 희소성과 독창성을 강조하는 새로운 시장을 창출할 것이다.

또한 '인간 증명'을 활용한 브랜딩과 마케팅 전략이 가능하다. 소비자들은 인간이 만든 창작물에 대해 보다 깊은 감정적 연결을 형성할 가능성이 크다. 고유한 스토리텔링과 인간적 감성을 내세운 브랜드가 시장에서 두각을 나타내는 요인으로 작용할 수 있다. 인간 창작의 가치를 강조하는 마케팅 캠페인은 기업이 AI가 대체할 수 없는 감성적 경험을 소비자들에게 제공하는 방식을 더욱 정교하게 설계할 수 있도록 한다.

'인간 증명'은 인간 창작자가 가지는 고유한 가치와 창의성을 보호하고, 이를 시장에서 새로운 방식으로 소비자와 연결하는 비즈니스 모델을 가능하게 한다. 이는 단순히 인간과 AI 간의 경쟁 구도를 넘어서, 인간이 창조한 독창성과 감성에 대한 가치를 더욱 증폭하는 기회로 작용할 것이다.

참고문헌

Brogan, C. & Ralton, G.(2024.7.31). Hidden data could reveal if an AI model was trained on copyrighted material. *Imperial*. https://www.imperial.ac.uk/news/255193/hidden-data-could-reveal-ai-model/

Center for the Future Mind(2022.9.28). Counterfeiting Humans: A Conversation with Daniel Dennett and Susan Schneider. https://www.youtube.com/watch?v=YLzZ1V4S-tY

Shan, S., Cryan, J., Wenger, E., Zheng, H., Hanocka, R., & Zhao,

B. Y.(2023.8.9~11). Glaze: Protecting artists from style mimicry by text-to-image models. *University of Chicago.* https://www.usenix.org/conference/usenixsecurity23/presentation/shan

04

아이디에이션에서 에이아이디에이션으로: 예술적 영감을 촉진하는 과정의 상품화

에이아이디에이션(Aideation)은 인간의 아이디어 창출이 AI와 협력하여 구체적이고 창의적인 결과물로 발전하는 과정을 의미하며, 단순한 발상을 넘어서 기계가 인간 창작의 조력자로서 작동함을 강조한다. AI가 아이디어를 구체화하고 새로운 방향성을 제시함으로써 창작 과정에서 더 깊은 역할을 하며, 예술적 영감을 촉진하고 상업적 활용까지 가능하게 한다.

Aideation이란 무엇인가?

아이디에이션(Ideation)은 아이디어를 발굴하고 창출하는 과정으로, 창작과 혁신의 중요한 시작점이다. 하지만 이를 넘어선 에이아이디에이션(Aideation)이라는 개념을 도입하면, 아이디어 창출이 단순한 발상에 그치지 않고, 다양한 자원과 인공지능 같은 도구를 활용해 실질적인 창작 과정으로 발전하게 된다. 에이아이디에이션은 기계가 아이디어에 실질적인 지원을 더해 구체적인 형태로 구현해 내는 창의적 여정을 뜻한다.

필자는 최근 수업에서 '인공지능 시대의 예술과 글쓰기'라는 주제를 다루면서, 노션 AI를 활용해 글을 확장하도록 요청해 보았다. AI는 단 몇 초 만에 수업의 목표와 내용을 정리하며, 필자가 구상한 개념까지 반영한 문장을 생성했다. 흥미로운 점은 요청하지 않은 설명까지 첨가한 것인데, 이를 통해 AI가 단순한 아이디어 구체화를 넘어 새로운 방향성을 제시하는 창의적 조력자가 될 수 있음을 확인했다.

'아이디에이션에서 에이아이디에이션'으로의 전환은 예술적 영감을 촉진하고, 이를 구체화하는 과정에서 기계가 어떤 역할을 하는지를 분명히 보여 준다. 전통적인 아이디어 창출 단계에서는 창의적 사고가 중심이었으나, 에이아이디에이션 단계에서는 기계의 패턴 인식과 연산 능력을 활용해 창작을 지원하게 된다. 이 과정에서 인간의 창의성과 기계의 계산 능력이 결합되며, 과감한 보간(interpolation)을 요구하는 새로운 형태의 예술과 창작이 가능해진다. 이는 창작 과정이 단순히 인간의 영감과 아이디어에 의존하는 것이 아니라, AI 연산을 통해 풍부하고 실질적인 결과로 이어질 수 있게 만든다는 것을 의미한다.

예를 들어, '화성인을 위한 수업 계획서'를 작성해 달라고 AI에게 요청하면 AI는 기존 수업 계획서를 바탕으로 가상 설정에 맞는 '화성-지구 문화 교류 프로젝트'나 '지구 소리 예술'과 같은 문장을 만들어 낼 수 있다. 이는 AI가 인간의 상상력과 특정 패턴을 결합해 현실과 상상의 경계를 잇는 역할을 한다는 것을 보여 준다. 에이아이디에이션의 가능성을 극대화하려면 보간의 구간을 규정하는 인간과 그 사이를 과감히 연산하는 기계의 협력이 필요하다. 물론 기계는 여전히 인간의 의도와 프롬프트에 따라 결과물을 생성하는 것이라고 봐야 한다. 이 과정에서 인간은 기계의 확률적 결합을 이해하고 이를 창의적으로 활용할 수 있는 능력을 갖춰야 한다.

에이아이디에이션에서 기계는 단순한 도구 역할을 넘

어서게 된다. 기계는 인간이 제시한 프롬프트를 기반으로 특정한 방향성을 설정하고, 확률적으로 적합한 언어와 구조를 선택해 새로운 텍스트를 생성하며, 인간의 아이디어를 구체화하고 발전시킨다.

'아이디에이션에서 에이아이디에이션'으로의 전환은 창작의 패러다임을 새롭게 정의한다. 예술적 영감은 AI의 지원을 통해 더 큰 잠재력을 발휘할 수 있으며, 새로운 창작과 협업 형태가 가능해진다. 에이아이디에이션은 인간과 기계가 서로의 강점을 보완하며 창의적 가능성을 확장하고, 창작의 새로운 장을 열어 가는 출발점이 된다. 앞서 제임스 빈센트와의 인터뷰에서 AI를 '물'에 비유했던 미드저니의 설립자 데이비드 홀츠는 인간과 기계의 관계를 설명하면서, 기계를 '엔진'에 비유하기도 한다.

"AI는 자신이 만든 다른 어떤 것도 기억하거나 알지 못합니다. 의지도 없고, 목표도 없고, 의도도 없고, 스토리텔링 능력도 없습니다. 자아와 의지와 이야기를 가진 것은 바로 우리입니다. AI는 엔진과 같습니다. 엔진은 갈 곳이 없지만, 우리는 갈 곳이 있습니다."

상상력의 엔진으로서 에이아이디에이션은 단순히 창작 과정에 그치지 않고, 그 자체가 새로운 비즈니스 모델을 창출하는 기회로도 작용한다. AI 기반의 창작 지원 서비스는 예술가와 기업가가 창작물을 빠르고 효율적으로 구현하고 이를 시장에 출시하도록 돕는다. 이는 제품 개발, 디자인, 마케팅 등 다양한 분야에서 창의성과 효율성을 동시에 증대시키며, AI를 사용하는 인간들 간의 협력을 통해 고객 맞춤형 경험과 서비스를 제공하고 경쟁력을 강화할 수 있게 하기도 한다. 거대 상수원인 '물'은 시스템적인 대응 없이는 안전하게 정수하기 어려워 결과물을 사용하기 어렵지만, 상상력 증강재로 쓰이는 '엔진'은 손쉬우면서도 안전한 사용이 가능하다. 생성형 인공지능이 갖는 복잡한 성격이 다양한 은유로 표현되며, 에이아이디에이션의 과정이 그 자체로 상품으로 설계될 수 있는 여지를 남긴다.

프로 작가들이 보는 인공지능의 쓸모

인공지능의 실력에 대해 프로 작가들의 관점은 기계의 빠른 생성 속도에 놀라는 일반인들과는 다르다. 작가들은 작품의 통일성과 일관성을 중요하게 여긴다. 단순히 한 장의 그림을 생성하거나 짧은 이야기를 작성하는 수준을 넘어, 수백 페이지에 걸쳐 논리적이고 정합성을 갖춘 작품을 완성해야 한다. 예술의 고도화된 작업에서는 AI의 한계가 여전히 명확하다. 예컨대, AI는 한 장의 그림을 그럴

듯하게 만들어 낼 수 있지만, 같은 스타일과 통일성을 유지하며 연재물을 완성하는 것은 현재로서도 큰 도전이다.

이를 보완하기 위한 시도로 구글은 대화 기반의 거대 언어 모델 람다(LaMDA)를 장르 문학 생성에 특화된 인터페이스인 워드크래프트(Wordcraft)로 개량해 프로 작가들에게 활용하도록 했다. 이 실험의 결과는 흥미로운 통찰을 제공한다. 작가들은 다양한 창작 과정을 통해 AI와의 협업 가능성을 탐구하면서도, 동시에 한계를 지적했다.

예를 들어, 미셸 타란스키(Michelle Taransky)는 AI가 특정한 문학적 과감성이나 창의성을 발휘하기 어려워한다는 점을 발견했다. 반면에 켄 리우(Ken Liu)는 람다를 시소러스, 인용 검색기, 연구 보조자로 활용하여 상당히 유용하다고 평가했다. 로빈 슬로안(Robin Sloan)은 판타지 소설에서 등장인물의 죽음 방식을 나열하는 작업에 AI를 성공적으로 활용하기도 했다. 앨리슨 페리시(Allison Parrish)는 소설『프랑켄슈타인』의 구절을 재구성하거나, 마법 아이템 목록을 생성하는 데 AI의 잠재력을 활용했다. 이 같은 사례는 AI가 특정 패턴을 학습하고 이를 기반으로 새로운 창작물을 만들어 내는 데 뛰어난 성과를 보이지만, 여전히 규범적이고 제한된 경향이 있음을 보여 준다.

넬리 가르시아(Nelly Garcia)는 특정 장르, 예를 들어 레즈비언 로맨스 플롯을 구성하는 데 어려움을 겪었다고 언급했으며, SF와 판타지 장르에서 AI가 정형화된 틀에 갇혀 글을 전개한다고 지적했다. 이는 AI가 특정 경향성에 강하게 얽매여 있어 창작의 폭을 제한한다는 문제를 드러낸다. 예를 들어 SF물을 창작할 때 AI는 우주선이나 로봇이라는 전형적 요소에 의존하는 경향을 보인다. 이러한 경향은 AI가 폭력적이거나 성적인 키워드를 제한하는 검열을 통해 더욱 두드러지며, 프로 작가들이 심도 있는 창작을 시도하기에는 제약이 될 수 있다.

그럼에도 켄 리우와 로빈 슬로안이 지적한 바와 같이 AI는 존재하지 않는 마법 주문 목록이나 새로운 설정을 기반으로 창작할 때 유용하다. 이는 AI가 방대한 데이터에서 패턴을 학습하고, 이를 재구성해 새로운 상상력을 자극할 수 있음을 보여 준다. AI는 보조적 작가이자 내러티브 생성 도구로서 인간과 협력할 여지를 남긴다.

비즈니스적 관점에서 '아이디에이션에서 에이아이디에이션'으로의 전환은 AI를 활용해 예술적 영감을 상업적으로 변환하는 과정을 의미한다. AI 기술을 통해 창작 과정을 자동화하거나 보조할 수 있으며, 이는 생산성을 높이고 비용을 절감하는 효과를 가져온다. 예를 들어, 웹툰이나 스토리텔링 콘텐츠에 AI를 활용하면 작가의 초기 아이디어를 신속하게 구체화하고, 다양한 버전의 스토리를 생성하여 최적의 콘텐츠를 선별할 수 있다. 또한 프롬프트 엔지니어링을 통해 AI가 더욱 정교하게 작동하도록 학습시키고, 이를 활용한 창작 지원 서비스를 제공함으로써 새로운 비즈니스 모델을 창출할 수 있다. 프롬프트 북이나 특정 목적에 맞춘 AI 툴은 창작의 효율성을 높이고, 사용자 경험을 개인화하여 수익 창출의 가능성을 제공한다.

창의력 증강 서비스

인공지능 기술의 발전은 창의력 증강의 가능성을 열었고, 이는 비즈니스적으로도 중요한 기회를 제공한다. 하지만 이 과정에서 AI가 인간의 창의성을 어떻게 지원하는지, 또 그 한계는 극복할 수 있는지 논의해 한다.

이 점에서 최근 ≪사이언스 어드밴시스≫에 발표한 연구 논문 "Generative AI enhances individual creativity but reduces the collective diversity of novel content"는 흥미로운 통찰을 제공한다. 논문에 따르면, 생성형 AI는 특히 창의성이 부족한 사람들의 창의력을 증진하는 데 도움을 주며, 창작 과정을 평준화하는 효과를 보였다. 반면,

원래 창의적인 사람들에게는 AI의 도움으로 인한 이점은 없었다고 보고하고 있다.

이러한 결과는 창의력을 증강시키는 AI가 비즈니스적으로 어떤 의미를 가질 수 있는지를 잘 보여 준다. 먼저, AI가 창의적 잠재력이 부족한 사용자들에게 창작의 기회를 제공한다는 점은 콘텐츠 생성 시장의 확장을 의미한다. AI는 누구나 쉽게 접근할 수 있는 창작 도구로, 더 많은 사람들이 자신의 아이디어를 표현할 수 있도록 돕는다. 예를 들어, 텍스트, 이미지, 음악 등 다양한 분야에서 AI는 비전문가가 창작에 쉽게 접근할 수 있도록 지원하여, 시장 진입 장벽을 낮추고 새로운 비즈니스 기회를 창출한다.

비즈니스적 기회는 특히 교육, 엔터테인먼트, 콘텐츠 제작과 같은 분야에서 두드러진다. AI 기반 창작 도구는 개인 사용자뿐만 아니라 기업에도 효율성을 제공한다. AI는 반복적이고 시간 소모적인 작업을 자동화하고, 창의적 프로세스를 지원함으로써 인간의 시간과 노력을 절약할 수 있게 해 준다. 이로 인해 창작자들은 더 많은 콘텐츠를 더 빠르게 제작하며, 이로써 시장의 수요를 신속하게 충족시킴으로써 경쟁 우위에 설 수 있다.

이 과정에서 AI의 한계와 위험성도 무시할 수 없다. 위

연구에 따르면, AI가 생성한 이야기는 표현과 내용 면에서 서로 비슷하며, 고정관념과 장황한 문장으로 가득한 경우가 많았다. 여러 장에서 반복되는 지적이겠지만 이러한 문제는 AI가 특정 데이터 세트를 기반으로 학습하기 때문에 발생하며, 이는 창의성의 획일화를 초래할 가능성이 있다. 출판업계나 콘텐츠 시장에 AI가 도입될 경우, 동일한 학습 데이터에 기반한 천편일률적인 콘텐츠가 생산될 우려가 있다. 이는 오히려 창작물의 다양성과 독창성을 저해하는 결과를 낳는다.

그럼에도 AI는 창의성을 증강하는 도구로서 여전히 가능성을 가지고 있다. AI의 도움으로 더 많은 사람들이 창의적 작업에 참여하면, 전반적인 창작 생태계가 활성화될 수 있기 때문이다. 일반적인 레벨의 사람들이 증강된 창의성을 갖는 일은 그 자체로 비즈니스 모델이 될 수 있다.

참고문헌

Doshi, A. R. & Hauser, O. P.(2024.7.12). Generative AI enhances individual creativity but reduces the collective diversity of novel content. *Science Advances.* https://www.science.org/doi/10.1126/sciadv.adn5290

Ippolito, D., Yuan, A., Coenen, A., & Burnam, S.(2022.11.9). Creative Writing with an AI-Powered Writing Assistant:

Perspectives from Professional Writers. *Cornell University.* https://arxiv.org/abs/2211.05030

Vincent, J.(2022.8.3). 'An engine for the imagination': the rise of AI image generators. *The Verge.* https://www.theverge.com/2022/8/2/23287173/ai-image-generation-art-midjourney-multiverse-interview-david-holz

05

인터페이스가 상품인 이유

인공지능과 관련한 적절한 UXD는 사용자의 창의력과 탐구심을 자극하며 기술을 협력자로 인식하게 해 사용자가 스스로를 보다 깊이 표현하도록 돕는다. 디자인은 사용자와 기계 사이에 진정성 있는 연결을 만들어 내기에 예술가의 몫이 되어야 한다. 인공지능 예술 비즈니스의 모델은 UXD를 위한 인터페이스를 발명하는 방식으로 고안될 수 있다.

사용자 경험 디자인의 핵심: 사전 프롬프트와 개성 부여

UXD(user experience design: 인공지능 사용자 경험 디자인)는 오늘날 기술 발전 속도와 함께 더욱 중요해지고 있다. 사용자와 기술 사이의 인터페이스는 단순히 기술적 성과나 효율성만을 제공하는 것이 아니라, 사용자의 기대와 경험을 만족시키는 심리적 · 사회적 요인을 고려한 다층적 상호 작용을 포함해야 한다. 특히 인공지능 기반 시스템에서는 사용자가 기술과 어떻게 소통하고, 기술이 사용자에게 어떤 방식으로 정보를 제공하느냐가 상호 작용의 깊이와 만족도를 좌우한다. 기술과 상호 작용하기 위해서는 사용자의 노력이 필요하다. 기술이 발전함에 따라 이러한 노력의 스펙트럼은 점점 양극화되고 있다. 특히 대규모 언어 모델(LLM)과의 상호 작용에서 사용자는 단순히 텍스트 상자에 입력하고 답변을 받는 단조로운 인터페이스에 점차 피로를 느끼고 있다. 생성형 인공지능 서비스 초기에는 단지 기계가 인간의 자연어로 대화를 이해하고 반응할 수 있다는 사실이 경이로웠지만, 이제는 더 이상 기계가 말할 수 있다는 사실만으로는 족하지 않다. 기계가 어떻게 의미 있는 방식으로 우리와 상호 작용하는지가 중요해졌다. 이는 기술이 사용자를 이해하고 그들의 필요와 기대에 맞추어 반응하는 사용자 경험 디자인의 필요성을 잘 보여 준다.

인공지능 시스템의 대화는 사전 프롬프트나 시스템 프롬프트를 통해 성격이 부여된다. 이 프롬프트들은 기계가 어떤 방식으로 사용자와 소통해야 하는지, 어떤 주제를 유지하고 피해야 하는지, 그리고 응답 형식은 어떠해야 하는지를 결정하는 일종의 가이드라인 역할을 한다. 이는 사용자와의 대화가 단순히 정보 전달에 그치지 않고 사용자에게 더 깊은 감정적 · 인지적 만족감을 줄 수 있도록 돕는다. 이러한 사전 프롬프트는 회사가 인공지능과 사용자 사이에 투명하지 않은 추상화 계층을 형성하며, 때로는 기술에 대한 접근성을 높이기도 하지만, 다른 경우에는 사용자의 기대와 의도를 왜곡할 수도 있다. 사용자 경험 디자인은 단순히 '프롬프트 변환'에서 멈추지 않고, 사용자가 시스템과 상호 작용할 때 더 큰 의미와 가치를 느낄 수 있는 방식을 탐구하는 과정이다. 회사가 제공하는 프롬프트와 사용자가 직접 만든 프롬프트 사이의 차이점은 사용자 경험의 질에 큰 영향을 미칠 수 있으며, 이는 특히 사용자들이 스스로 의미 있는 경험을 창출하거나 창의적이고 개인적인 대화를 나눌 때 더욱 두드러진다.

그러나 사용자와 인공지능 간의 상호 작용이 효과적으

로 작동하려면, 사용자는 자신이 기계와 어떻게 소통하는지를 이해할 수 있어야 한다. 그러나 중개 LLM이 사용자의 프롬프트를 해석하고 변환하여 사용자에게 적절하다고 판단된 응답을 생성하는 경우, 사용자는 자신의 의도가 제대로 전달되었는지 알기 어렵다. 이는 창의적이고 독창적인 아이디어를 교환하는 데 방해가 될 수 있다. 사용자가 자신이 어떤 대화를 하고 있는지 이해하지 못할 경우, 상호 작용은 '옮겨 말하기'에 불과할 수 있으며, 이는 의미 없는 대화로 전락할 위험이 있다. 사용자가 더 직접적으로 자신의 의도를 표출하고 이에 대한 반응이 투명하게 전달되는 시스템이야말로 사용자 경험을 혁신적으로 향상시킬 수 있다.

좋은 사용자 경험이 좋은 사용자를 만든다

사용자 경험 디자인은 사용자와 기계 간의 상호 작용을 단순한 정보 전달을 넘어서는 창의적이고 정교한 경험으로 발전시키는 데 핵심 역할을 한다. 인간은 도구와 기술을 통해 자신을 표현하고 세계와 소통하며, 이러한 경험이 축적될수록 사고방식과 행동 패턴에 지대한 영향을 받는다. 적절하게 설계된 사용자 경험은 사용자가 기술과의 관계에서 더 깊이 사고하고, 새로운 문제를 해결하며, 스스로를 보다 창의적으로 표현할 수 있도록 돕는다. 반면, 불완전한 디자인은 사용자의 기대를 충족하지 못하고 기술을 단순하고 표준화된 방식으로만 사용하게 만들어, 기술과의 상호 작용을 제한적인 경험으로 국한한다.

이러한 상호 작용은 곧 사용자 스스로의 기술 사용 능력과 태도에 영향을 미치는 순환적 효과를 만들어 낸다. 예를 들어, 직관적이고 사용자가 원하는 방식으로 유연하게 반응하는 인터페이스는 사용자의 창의력과 탐구심을 자극하며, 기술을 단순한 도구가 아닌 협력자로 인식하게 만든다. 사용자는 기계를 통해 자신의 아이디어를 구체화하고, 창의적인 해결책을 탐구하는 경험을 쌓으며, 이는 기술의 발전을 촉진하는 긍정적인 사이클을 만든다. 반면에, 제한적이고 경직된 인터페이스는 사용자의 기대를 저버리고 상호 작용의 질을 떨어뜨리며, 사용자가 기술을 단순히 정해진 범위 내에서만 사용하게 만든다. 이로 인해 기술과의 관계는 일방적이고 소모적인 방식으로 고착화될 위험이 있다. 구글 크리에이티브 랩의 연구원 샘 로튼(Sam Lawton)은 이를 두고 '한국연구원'에 기고한 "챗GPT, 수준 이하의 인터페이스는 수준 이하의 사용자를 만든다"는 글에서 다음과 같이 비평하기도 했다.

"(현재) 이미지 생성 방법의 본질적인 단점은 사용자가 원하는 것이 무엇인지 모르는 사용자에게는 보상을 주고, 원하는 것을 아는 사용자에게는 불이익을 준다는 것이다. 이는 무분별한 상호 작용을 장려하는 동시에 밀도 있는 사고의 표현을 막고, 다시 한번 수준 이하의 상호 작용을 만들어 내는 수준 이하의 인터페이스라는 생각을 굳혀 디자이너가 더 수준 이하의 인터페이스를 만들고 그것이 다시 수준 이하의 사용자를 만들게 된다. 악순환의 연속인 것이다."

사용자 경험 디자인의 목표는 이러한 순환적 효과를 긍정적으로 활용하는 데 있다. 더 나은 디자인 경험은 사용자가 기계와의 상호 작용에서 주도권을 가질 수 있도록 하고, 다양한 시나리오에서 창의적이고 혁신적인 방식으로 문제를 해결할 수 있는 능력을 키워 준다. 이는 단순히 기술을 사용하는 데 그치지 않고, 기술을 활용하여 새로운 가치를 창출하고 자신만의 방식으로 세상을 해석하고 탐구할 수 있도록 도와준다. 사용자가 쉽게 적응할 수 있는 직관적인 인터페이스와 개인화된 피드백 시스템은 사용자와 기술 사이의 거리를 좁히고, 사용자가 자신을 표현할 기회를 제공한다.

사용자 경험 디자인의 품질은 단순히 기술의 성능이나

효율성을 넘어서, 사용자와 기계가 어떻게 협력하고 상호 작용할지를 결정한다. 디자인이 사용자에게 불편함을 초래하거나 그들의 의도를 제한한다면, 사용자는 기계와의 관계에서 좌절감과 무력감을 느끼게 될 것이다. 이는 장기적으로 기술에 대한 신뢰도와 사용자의 몰입도를 낮출 수 있다. 반대로, 디자인이 사용자에게 창의적인 도전과 성취감을 제공한다면, 사용자는 기술과의 상호 작용을 통해 더 나은 자신을 발견하고 발전시킬 수 있다. 이는 사용자 경험 디자인이 사용자와 기술 모두에게 긍정적 피드백 루프를 생성하는 중요한 과정이다.

결국, 인공지능 시스템과의 상호 작용에서 사용자 경험 디자인이 중요한 이유는 사용자가 자신과 기계 사이에 진정성 있는 연결을 느끼고, 자신만의 독창적이고 의미 있는 방식으로 기술을 활용할 수 있게 하기 때문이다. 기술은 단순한 도구가 아니라, 사용자가 자신의 세계를 탐구하고 의미를 창출할 수 있는 동반자로 작용해야 한다. 진정성 있는 경험은 기술과 사용자를 서로의 협력자로 만들어, 새로운 가치를 창출할 수 있는 가능성을 열어 준다. 이는 궁극적으로 기술 발전을 촉진하고, 사용자와 기술이 함께 성장할 수 있는 토대를 제공한다.

인공지능은 사용자 경험을 통해 지속적으로 학습하고

개선되며, 이러한 과정은 인공지능 예술 비즈니스에서 경험이 곧 상품이 되는 방식을 잘 보여 준다. 인공지능 시스템은 사용자와의 피드백과 상호 작용을 기반으로 점차 발전하고 진화한다. 사용자가 기계와의 상호 작용을 통해 얻는 경험이 시간이 지남에 따라 개선되면서, 사용자 경험은 인공지능 서비스의 질적 향상과 경쟁력 강화를 이루는 기반이 된다. 이는 인공지능이 단순한 기능적 제공에 그치지 않고, 지속적으로 사용자의 만족도를 높이며, 향상된 경험을 통해 그 자체로 상품성이 증대되는 이유다.

참고문헌

샘 로튼(2024.10.4). "챗GPT, 수준 이하의 인터페이스는 수준 이하의 사용자를 만든다". 한국연구원. www.webzineriks.or.kr/post/챗gpt-수준-이하의-인터페이스는-수준-이하의-사용자를-만든다-샘-로튼

06

생성형 인공지능 사용자 경험 디자인 사례

생성형 인공지능 사용자 경험 디자인은 사용자에게 직관적이고 몰입감 있는 인터페이스를 제공하고 특정한 기능을 구현하도록 돕는다. 노트북LM의 팟캐스트 변환 기능과 AI 던전의 인터페이스는 그 귀감이 된다. 두 시스템은 지식을 재구성하거나 창작 활동을 촉진하여 사용자 몰입과 상호 작용을 극대화한다.

노트북LM이 팟캐스트 변환 기능을 넣은 이유

노트북LM(NotebookLM)은 구글이 개발한 AI 기반 노트 작성 및 연구 지원 도구로, 사용자가 업로드한 문서나 데이터를 분석하여 요약하고, 질문에 응답하며, 아이디어 생성을 지원한다. 개인화된 AI 협업자를 통해 문서를 읽고 메모하며 아이디어를 정리하는 과정을 돕는다. 구글 문서, PDF, 텍스트 파일, 구글 슬라이드, 웹 URL 등 다양한 문서 형식을 지원하고, 제미나이(Gemini) 1.5 프로의 멀티모달(Multi Modal) 기능을 통해 이미지, 차트, 다이어그램 관련 질문도 처리할 수 있다. 연구자, 학생, 작가 등 다양한 사용자가 복잡한 정보를 효율적으로 이해하고 창의적인 아이디어를 발전시키는 데 활용하게 하는 것이 목적이다. 이 과정에서 사용자들이 상당히 특이하고 즐거운 기능으로 꼽는 것이 바로 논문이나 자료 출처를 넣으면 팟캐스트 형식으로 내용이 다자간 음성 대화로 변환되는 기능이다.

노트북LM이 팟캐스트 변환 기능을 도입한 이유를 사용자 경험 디자인의 관점에서 분석하면, 이는 사용자의 다양한 요구와 사용 방식에 대한 깊은 이해와 관련이 있다. 이 기능은 현대 디지털 콘텐츠 소비 패턴을 반영하며, 더 직관적이고 풍부한 사용자 경험을 제공하기 위한 전략적인 움직임으로 볼 수 있다.

현대의 디지털 환경에서는 사용자가 정보를 얻는 방법에 대한 기대치가 높아졌다. 사용자는 다양한 콘텐츠를 소비하기 위해 텍스트를 읽는 것뿐만 아니라, 소리로 듣고 멀티태스킹을 하며 새로운 방식으로 경험하길 원한다. 노트북LM은 팟캐스트 변환 기능을 추가함으로써 이러한 사용자 요구에 부응했다. 팟캐스트는 시각적 집중을 요구하지 않고 청각적으로 정보를 소비할 수 있는 환경을 제공하기 때문에, 사용자에게 자유로운 시간 활용을 가능하게 한다. 사용자는 출퇴근 시간이나 운동 중, 또는 가벼운 휴식 시간에 손쉽게 정보에 접근할 수 있어, 노트북LM이 제공하는 서비스에 대한 경험이 더욱 가치 있게 느껴질 것이다.

또한 팟캐스트 변환 기능은 다양한 접근성에 대한 배려를 포함한다. 텍스트를 기반으로 한 정보 제공은 시각적으로 집중할 수 있는 사용자에게 적합하지만, 모든 사용자에게 최적의 방식은 아니다. 시각 장애가 있거나 텍스트보다 오디오 콘텐츠가 신체적으로 더 익숙한 사용자에게 팟캐스트 기능은 정보에 대한 접근성을 획기적으로 높인다. 이러한 사용자 경험적 접근은 사용자에게 포괄적이고 접근 가능한 경험을 제공함으로써, 더 많은 사용자가 노트북LM의 가치를 느낄 수 있도록 한다. 청각을 통한 정보 전달은 사용자가 특정한 목소리나 톤에 따라 내용을 더 잘 이해하고, 기억할 수 있게 한다. 이를 통해 사용자는 단순히 정보를 읽는 것과는 다른 경험을 하게 되며, 노트북LM과의 상호 작용이 깊어질 수 있다. 사용자 경험의 관점에서 이러한 몰입감은 사용자 충성도를 높이고, 사용자가 콘텐츠와의 관계에서 더 큰 감정적 몰입을 경험하도록 유도한다.

노트북LM의 팟캐스트 기능은 새로운 콘텐츠 활용 방식을 제안함으로써, 기존 사용자뿐만 아니라 잠재적인 사용자도 끌어들일 수 있는 가능성을 높인다. 예를 들어, 지식 공유나 학습 목적의 팟캐스트 시장은 꾸준히 성장하고 있다. 노트북LM이 이를 통해 사용자들이 다양한 방식으로 자신만의 콘텐츠를 만들고 공유할 수 있도록 돕는 것은, 사용자 경험의 혁신과 서비스 자체의 시장 확대를 함께 도모하는 전략이다. 이는 사용자와의 상호 작용을 더욱 다층적으로 발전시키고, 서비스의 가치 확장을 이끌어 낼 수 있다.

마지막으로 가장 중요한 논점은 노트북LM의 팟캐스트 변환 기능이다. 이 기능은 지식을 단순한 선형적 정보 전달의 흐름에서 벗어나게 하여 그 본래의 대화적 구조를 드러내고, 텍스트 공간을 유연하게 재배열함으로써 지식의 새로운 가능성을 열어 준다. 전통적인 지식의 구조는 보통 정해진 순서와 논리적 흐름을 따르며, 정보를 직선적으로 전달하는 방식을 취한다. 그러나 이러한 방식은 때때로 깊이 있는 질문이나 다면적 사고를 제한할 수 있다. 노트북LM은 이러한 한계를 뛰어넘어 지식의 흐름을 재구성하고, 유머, 돌발적 질문, 예상치 못한 연결을 삽입하여 대화의 여지를 확장한다. 이 도구는 사용자가 질문을 던지거나, 지식의 특정 부분을 새롭게 탐구할 수 있도록 돕는다. 긴 문서를 요약할 때도 예상치 못한 흥미로운 질문을 제기하는 등의 상호 작용은 텍스트와 사용자가 수동적으로 관계를 맺는 것을 넘어, 능동적으로 지식을 재구성할 수 있도록 한다. 이를 통해 지식은 정적인 정보의 집합이 아닌, 언제든 변형되고 새로운 의미를 창출할 수 있는 대화적 존재로 자리 잡는다.

노트북LM의 이러한 접근은 본래 지식 안에는 잠재적 공간이 있고 그곳에 질문으로 파고들 필요성 때문에 시도된 것이다. 노트북LM은 지식을 대화형으로 재배치함으로써 사용자가 자신의 지적 여정에서 새로운 가능성을 발견할 수 있도록 돕는 강력한 도구로 자리 잡았다.

AI 던전의 게임적 인터페이스가 주는 상호 협력적 경험

AI 던전(AI Dungeon)은 인공지능을 활용한 텍스트 기반의 인터랙티브 스토리텔링 서비스로, 사용자가 입력한 내용에 따라 AI가 실시간으로 이야기를 생성하고 전개한다. 사용자는 기계와 협업하거나 대결해서 무한한 가능성의 모험을 경험할 수 있다. AI 던전의 인터페이스는 '기계 한 턴, 인간 한 턴' 혹은 '기계 턴의 연속', '인간에 의한 기계 응답의 수정', '지금까지 이어 온 문장의 이미지 변환' 등으로 이루어져 있다. 이 같은 게임 인터페이스는 사용자 경험의 혁신적인 측면을 강조하며, 인터랙티브 스토리텔링과 협업적 창작을 완전히 새로운 차원으로 이끈다. AI 던전은 인간과 AI가 서로 대화를 주고받듯이 번갈아 가며 이야기를 전개하는 독특한 상호 작용 구조를 지닌다. 이는 단순히 AI가 주도적으로 문장을 생성하거나 수동적으로 사용자 명령에 응답하는 것을 넘어, 사용자와 AI가 실시간으로 세계를 공동 창조하는 경험을 제공한다.

이 과정에서 사용자와 AI는 능동적 협력자로서 상호 작용하며, 이야기가 어떻게 흘러갈지 모르는 예측 불가능한 매력을 선사한다. 인간들끼리 협업하는 TRPG(tabletop role playing game)를 모방했으니 당연한 평가 같겠지만,

이 인터페이스의 장점은 몰입감과 참여감의 극대화다. 전통적인 게임이나 인터랙티브 소설에서는 플레이어가 정해진 선택지에 따라 스토리를 진행하지만, AI 던전은 사용자가 입력한 상상력의 조각을 AI가 받아들여 새로운 사건, 대화, 또는 세계의 변화를 즉각적으로 만들어 낸다. TRPG에서 던전 마스터와 플레이어가 대화를 통해 세상을 구축하는 것처럼, AI와 사용자는 끊임없는 상호 작용을 통해 서로의 상상을 확장한다. 그럼으로써 사용자가 AI와의 대화에서 새로운 감정적 연결과 스토리의 복잡성을 발견하도록 유도한다.

AI와 인간의 창작적 협력은 단순히 이야기 전개에 그치지 않고, 스토리의 재구성과 확장 가능성을 제공한다. 인간 사용자는 AI가 생성한 내용을 수용하거나, 수정하며 새로운 방향으로 이야기를 이끌 수 있다. 예를 들어, 기계가 생성한 문장을 인간이 수정하거나, 때로는 AI가 인간이 예상치 못한 요소를 제시해 줄 때 사용자는 기존의 아이디어를 변형하거나 전혀 새로운 방향으로 발전시킬 수 있다. 이는 AI 던전의 인터페이스가 단순히 AI가 제시하는 고정된 스토리를 따르는 것이 아닌, 더 수평적인 창의적 상호 작용의 장으로 기능한다는 것을 의미한다. 사용자는 이야기 전개가 막힐 때 AI의 도움을 받아 새로운 전환을 시도할 수 있으며, AI가 제시한 대답을 수정하거나 재해석해 전혀 새로운 경로를 탐색할 수 있다. 협력은 사용자 경험의 깊이를 더하며, 소비자에서 창작자로의 역할 변화를 제공한다.

또한 AI 던전의 텍스트 생성과 삽화 생성 기능의 통합은 시각적·상상적 몰입을 강화한다. AI는 사용자가 입력한 텍스트를 기반으로 이야기를 이어 갈 뿐만 아니라, 삽화 생성을 통해 텍스트를 시각적으로 보강하여 사용자의 경험을 생생하게 만든다. 이 기능은 단순히 문장의 전개가 아닌, 전체적 서사 체험을 가능하게 한다. 멀티모달리티의 능력을 사용자 경험 안에 잘 녹여 낸 사례라고 할 수 있다.

AI 던전의 사용자 경험 디자인은 인간과 기계가 번갈아 가며 창조적인 협력을 통해 상호 작용하는 게임적 디자인이다. 서사와 스토리를 넘어서 기계와 상호 작용하는 사용자 경험의 새로운 기준을 제시하는 혁신적 시도로 평가될 수 있다.

인공지능 예술 비즈니스가 노트북LM과 AI 던전의 모델을 참조해야 하는 이유는, 이 두 시스템이 각각 몰입적이고 인터랙티브한 사용자 경험을 창출하여 지식을 재구성하거나 창작 활동을 촉진하기 때문이다. 노트북LM은 사용자가 텍스트 기반 지식을 다차원적으로 탐구하고 접근성을 높이며, AI 던전은 AI와의 창작적 협업을 통해 실시간 상호 작용과 예측 불가능한 스토리 전개를 제공해 창의성을 극대화한다. 이러한 접근은 인공지능 예술 비즈니스에서도 새로운 방식의 사용자 몰입과 창조적 상호 작용을 통해 가치를 높이는 데 중요한 참조점이 된다.

참고문헌

https://notebooklm.google
https://play.aidungeon.com/

07

대체 현실 생성과 복원 예술 비즈니스

'합성 기억' 프로젝트는 디지털 기술로 개인의 잃어버린 기억을 복원하는 데 중점을 둔다. 난민, 이민자 공동체와 협력해 가족사진과 과거의 장면을 재구성해 정체성 회복과 심리적 위로를 제공한다. 이 기술은 기억을 디지털 이미지로 변환하여 심리 치료나 치매 환자 지원에 활용되며, 개인적 내러티브를 새롭게 창조해 새로운 비즈니스 기회를 제공한다.

대체 현실로서 합성 기억 프로젝트

대체 현실은 기존 현실의 경계를 넘어 인간의 기억과 경험을 디지털이나 가상 환경에서 재구성하고 이를 바탕으로 새로운 서사와 감각적 체험을 제공하는 개념이라고 할 수 있다. 특히 기억이 불완전하고 왜곡될 수 있다는 점에서, 이러한 기술적 구현은 개인적 정체성과 공동체적 연대를 강화할 수 있는 중요한 역할을 한다.

이 개념에 대한 강력한 예시인 '합성 기억(synthetic memories)' 프로젝트는 디지털 기억을 현실화하는 과정에서 도메스틱 데이터 스트리머스(Domestic Data Streamers)를 설립한 파우 가르시아(Pau Garcia) 팀에 의해 탄생했다. 도메스틱 데이터 스트리머스는 난민, 이민자 공동체와 협력하여 가족사진을 복원하거나 사라진 장면을 재구성한다. 이렇게 한 개인의 정체성을 형성하는 데 중요한 기억의 잔재를 인공적 기술로 복구하고, 새로운 방식의 연대와 위로를 제공한다. 사용자의 기억을 모델을 통해 이미지로 변환해 주는 이 기술은, 고객이 "바로 그거야!"라고 외칠 때까지 지속적으로 조정된다고 한다. 이러한 프로젝트는 잃어버린 기억의 조각을 모아 새로운 내러티브를 만들고, 더 나아가 문화적 정체성의 조각들을 되살려 개인의 서사를 풍성하게 한다. 그 한 예를 들어 보자.

마리아는 1940년대 에스파냐 바르셀로나에서 어린 시절을 보냈다. 그녀는 여섯 살 때 아버지를 잠시라도 보기 위해 같은 건물 이웃집 발코니에 서 있던 기억을 안고 있다. 발밑 감옥의 작은 창문 너머로 에스파냐 독재자 프란시스코 프랑코에 반대하다 수감된 아버지를 보려는 어린 마리아의 절박한 순간이었다. 그때의 사진은 없지만, 바르셀로나의 디자인 스튜디오 도메스틱 데이터 스트리머스 덕분에 마리아는 잃어버린 순간을 인공적으로나마 되찾을 수 있었다. 그들이 제공하는 '기억 재구성 이미지' 서비스는 흐릿하고 왜곡되었지만, 마리아에게 그 시절의 기억을 눈앞에 생생히 되살려 준다.

파우 가르시아는 시리아 난민을 도왔던 경험에서 영감을 얻었다. 한 어머니가 "우리 가족의 모든 추억이 사라지는 것이 가장 두렵다"고 말했을 때, 그는 그 기억을 벽화로 남겼다. 이후, 인공지능 기술을 활용해 기억을 재구성하는 방식으로 '합성 기억' 프로젝트를 발전시켜 나갔다. 기억을 디지털화하고 대체 현실을 창조하는 이러한 기술은 심리 치료, 특히 치매 치료에 새로운 가능성을 열어 주고 있다. 연구자들과 협력해 치매 환자들의 인지 자극을 시도해 과거의 기억을 되살리는 방식인데, 이는 기억 재생을 넘어 인간적 교감과 연대의 기회를 제공하는 방식으로도 확장되고 있다.

기억은 언제나 불완전하며, 예술은 이 불완전성을 감싸안고 현실과 환상의 경계를 넘나드는 힘을 가지고 있다. 흐릿함 속에서 우리는 현실과 마주하고, 그 사이에 존재하는 진실을 발견한다. 도메스틱 데이터 스트리머스가 제공하는 '합성 기억' 이미지는 이러한 불완전한 기억을 구체화하면서도 사람들에게 각자의 내러티브를 창조할 수 있는 여지를 남긴다. 이 흐릿함은 때로는 매우 인간적이고 감성적이며, 기억이 본질적으로 모호함과 불완전함을 내포하고 있음을 시사한다.

기억을 재구성하는 것은 단순한 회상 이상의 힘을 가진다. 특히 트라우마나 고통스러운 기억을 가진 사람들에게 이러한 기술은 과거와 마주하는 새로운 길을 제시한다. 도메스틱 데이터 스트리머스는 회상 요법을 활용해 치매 환자들이 잃어버린 기억을 되찾는 과정을 연구하며, 기억의 조각을 통해 현재의 삶을 회복하는 기회를 제공한다. 이는 개인의 정체성 회복과 심리적 치유, 사회적 연대 가능성을 확장한다.

파우 가르시아는 기억을 재구성한 이미지가 '사실을 담은 기록물'이 아니며, 단순히 그 기억을 복원하기 위한 예술적 표현임을 강조한다. 이는 서비스나 상품이면서 동시에 치료 행위라고 할 수 있다. 여기서 우리는 윤리적 목적만큼이나 이 분야가 생성형 인공지능 고유의 능력을 발휘하는 새로운 비즈니스가 될 수 있음을 직감한다. 물론 대체 현실 창조는 예술적 목적과 사회적 윤리, 상업적 활용 사이의 균형 잡기가 무엇보다 중요하다. 기술이 개인적 서사를 증강 형성하는 도구로 활용되는 것에 대한 사회적 논의를 거친 후에야 본격적인 비즈니스 모델로 개발될 가능성이 열릴 것이다. 기억을 재구성하는 과정에서 우리는 예술과 기술이 새로운 경계를 넘나드는 것을 목격한다. 하지만 이는 단지 기술적 진보의 문제만이 아니다. 기억을 디지털화하고 상품화하는 과정에서 윤리적 고민이 뒤따른다. 예를 들어, 사라진 기억의 이미지를 재창조하는 과정이 상업적으로 사용될 때, 그 기억이 본래의 의미와 진실성을 유지할 수 있는가? 이것은 도메스틱 데이터 스트리머스와 같은 기업이 앞으로 해결해야 할 중요한 과제다.

복원 예술 비즈니스과 진실 찾기의 문제

인공지능 기반 복원 예술 비즈니스는 인공지능 기술을 활용해 개인의 기억, 역사적 유산, 예술 작품 등을 복원하거나 재구성하는 과정을 중심으로 발전하는 산업이다. 이 비즈니스는 AI의 학습 능력과 데이터를 바탕으로 기존의 기억이나 예술적 표현을 분석하고, 이를 정밀하고도 생생하게 되살려 냄으로써 과거와 현재를 연결하는 새로운 차원의 경험을 제공한다.

이러한 기술은 과거에는 불가능했던 복잡한 복원 작업을 가능하게 한다. 손상된 예술 작품의 색상을 복구하거나, 오래된 사진이나 비디오를 디지털화하여 높은 해상도로 복원하는 작업이 대표적이다. 이러한 복원의 기술적 개념은 보간(interpolation)이다. 데이터 세트로 학습한 뒤, 흐릿한 점과 점 사이를 확률적으로 의미 있게 잇거나 채우는 일이다. AI 기반 이미지 복원 기술은 흐릿하거나 손상된 부분을 예측하고 보완하는 데 뛰어난 성능을 발휘하며, 이를 통해 사용자들은 잃어버린 시간의 순간을 다시 마주할 수 있다.

이 기술은 예술과 문화유산의 복원에서도 중요한 역할을 한다. 역사적 유물이나 오래된 문서, 그림 등을 AI를 통해 복원하여 원래의 모습에 가깝게 재현할 수 있다. 이 과정은 문화적 가치의 보존과 전승에 기여하며, 디지털화된 자료는 교육과 연구에 활용될 수 있어 많은 사람들과 공유될 수 있다. 예술적 창작과 연결해 기존 작품에 새로운 생명을 불어넣는 형태의 창조적 복원도 가능하다. 인공지능 기반 복원 예술은 윤리적·사회적 문제도 동반한다. 기억을 재구성할 때 본래의 진실성과 의미가 왜곡될 가능성, 상업적 목적이 과도하게 부각될 위험 등이 이러한 문제에 속한다.

테드 창은 2023년 2월 잡지 ≪뉴요커≫에 기고한 글 'Chat GPT는 웹상의 흐릿한 JPEG'를 통해 인터넷과 디지털 기술이 원본과 복제물 간의 경계를 모호하게 만들고, 이 과정에서 본래의 의미나 진실성이 점차 희미해지는 현상을 지적했다. 이를 인공지능 기반 복원 예술 서비스에 대입하여 나쁜 결말만을 예측해 보면 다음과 같은 시나리오가 가능하다.

복원 서비스가 원본 기억이나 이미지를 점점 더 복잡하고 정교하게 재구성하면서, 사람들이 이 재구성된 이미지나 기억이 마치 진짜 과거인 양 믿게 되는 상황이 벌어질 수 있다. 기억의 본질적 불완전함이 디지털 기술로 재현되거나 왜곡된 형태로 바뀌면서 사람들은 실제 기억과 복제된 이미지를 구별하지 못하게 되고, 이로 인해 개인의 진짜 과거와 가짜 과거가 혼재된 정체성 혼란이 발생할 수 있다.

또한 복원된 기억이 시간의 흐름과 함께 점점 더 희미해진 이미지들로 자리 잡게 되면서, 복원된 내용 자체가

진실성을 잃고 기계의 생성물을 기계의 먹이로 주는 악순환을 초래해 최종 생성물이 더욱 변질될 가능성도 있다. 이로 인해 기억의 재구성이 사람들에게 치유나 감정적 교감을 제공하기보다는 오히려 정서적 혼란과 왜곡된 자아상을 심어 줄 위험이 존재한다. 원래의 기억은 디지털 복제물이 가져다준 생생함에 압도되어 점차 잊히고, 복원된 이미지가 '가짜'와 '사실'의 경계를 더 모호하게 만든다.

테드 창의 '흐릿한 JPEG' 논의는 복원 예술 서비스가 원래 의도했던 기억의 보존과 치유 대신, 진실과 가짜가 뒤섞이고, 기억의 상업화가 인간성을 왜곡하는 결과를 초래할 수 있다는 경고를 내포하고 있다. 이는 개인의 과거와 자아, 사회적 관계까지도 파괴적으로 변질시킬 가능성을 지닌다. 생성형 인공지능을 이용한 복원 예술 서비스는 이 점을 회피하려는 전략 속에서 마련되어야 한다.

참고문헌

Chiang, T.(2023.2.9). ChatGPT Is a Blurry JPEG of the Web. *The New Yorker.* https://www.newyorker.com/tech/annals-of-technology/chatgpt-is-a-blurry-jpeg-of-the-web

Heaven, W. D.(2024.4.19). 소중한 기억을 사진으로 되살려주는 생성형 AI. *MIT Technology Review.* https://www.technologyreview.com

08

사용자 맞춤형 예술 비즈니스

AI 아트는 고객 맞춤형 경험을 제공해 브랜드와의 정서적 연결을 강화하고, 시각적 콘텐츠로 고객의 참여와 충성도를 높이는 데 기여한다. 주요 기업들은 AI 아트를 활용한 맞춤형 제품과 소셜 미디어 콘텐츠를 통해 경쟁사와 차별화하고 있다. 이러한 기술은 변화하는 시장에서 기업의 지속적 경쟁 우위 확보를 돕는 중요한 자산으로 자리 잡았다.

AI 아트를 활용한 사용자 맞춤형 비즈니스

최근 몇 년 사이 많은 기업과 마케터가 AI 아트의 잠재력을 깨닫고 이를 활용하기 시작했다. AI 아트를 마케팅에 도입하면 고객의 참여를 높이고 브랜드 인지도를 강화하며 매출을 증가시킬 수 있다. AI 아트는 시각적으로 독창적이고 매력적인 콘텐츠를 제작해 기업이 경쟁사와 차별화되도록 돕는다. 이를 통해 고객은 브랜드에 특정 스타일과 미적 감각을 연관 지으며 충성도를 강화하고 기업의 정체성을 더욱 깊이 인식한다.

AI 아트의 장점은 여기서 그치지 않는다. 개인화된 고객 경험을 제공하는 데도 AI 아트는 효과적이다. 기업은 고객이 공감할 수 있는 맞춤형 콘텐츠를 제작해 고객의 구매 전환 가능성을 높일 수 있다. 시각적으로 매력적이고 역동적인 소셜 미디어 콘텐츠를 제작하거나, 고품질의 디지털 콘텐츠를 제작하는 데 들어가는 시간과 비용을 절감하는 등 다양한 이점이 있다. AI 아트의 무한한 창의성과 혁신성은 기업이 기억에 남는 마케팅 캠페인을 통해 고객과 공감대를 형성하는 데도 중요한 역할을 한다.

예를 들어, 글로벌 스포츠 브랜드 나이키(Nike)는 AI 아트를 활용해 독특한 맞춤형 콘텐츠를 제작해 고객과의 연결을 강화하고 있다. 최근 나이키는 소비자 맞춤형 스니

커즈 디자인을 위해 AI 기반 생성 모델을 도입했다. 고객은 나이키 웹사이트에서 AI가 제안하는 색상 조합과 패턴을 바탕으로 자신만의 스니커즈를 디자인할 수 있다. AI는 사용자 행동 데이터를 학습해 고객의 선호도를 파악하고, 이를 바탕으로 더욱 정교한 디자인을 제안한다. 이런 개인화된 경험은 고객 충성도를 높이는 데 기여하며, 고객은 자신만의 특별한 제품을 통해 브랜드와 더 깊이 연결된다. 나이키는 특히 2018년 이후 데이터 관련 회사들을 인수하여 고객 행동을 예측하고, 재고를 최적화하며, 개인화된 제품 추천을 통해 소비자와의 깊은 연계를 강화하고자 했다. 나이키의 디지털 채널은 빠르게 성장했으며, D2C(direct to customer: 소비자 직접 판매) 매출이 전체 매출에서 점점 큰 비중을 차지하게 되었다. 최근에는 물류와 운영 비용의 증가, 코로나 이후 온라인 판매 저조 등의 복합적 원인으로 D2C의 비중을 다시 낮추고 온오프 하이브리드 판매로 전략을 수정 중이다.

스타벅스(Starbucks)도 AI 아트를 활용한 개인화된 디지털 캠페인을 펼쳤다. 고객 데이터 분석을 통해 AI는 각 고객의 취향과 소비 패턴을 학습했고, 스타벅스는 이를 이메일 마케팅과 소셜 미디어 콘텐츠에 활용했다. 예를 들어, 고객의 이름을 포함한 예술적인 일러스트레이션을 이

메일로 제공하거나, 고객이 좋아할 만한 특별 메뉴의 시각적 콘텐츠를 만들어 개인화된 경험을 선사했다. 이러한 노력은 고객과의 연결을 강화하고 브랜드에 대한 충성도를 높였다.

또 다른 사례로는 구찌(Gucci)를 들 수 있다. 구찌는 AI 기반의 디지털 아트를 활용해 소셜 미디어 캠페인을 진행하며 젊은 고객층과의 소통을 강화했다. AI로 제작한 초현실적이고 매력적인 디지털 이미지와 비디오 콘텐츠는 구찌의 브랜드 아이덴티티를 강화했으며, 기존 마케팅 방식보다 더 큰 주목을 받았다. 자신들의 미술관과 연계해 생성형 인공지능을 사용하는 아티스트들에게 새로운 디자인 기술이 패션의 미래에 어떤 영향을 미칠지 탐구하도록 요청함으로써 브랜드 인지도를 높이는 데 성공했다. 구찌는 이러한 AI 아트를 통해 고객에게 브랜드와 관련된 독특한 경험을 제공하고, 시각적 콘텐츠의 힘을 활용해 경쟁사와 차별화된 메시지를 전달했다.

AI 아트와 메타버스

코스메틱 브랜드인 로레알(L'Oréal)은 AI 기반의 피부 분석과 맞춤형 뷰티 제품 추천 시스템을 도입하여 고객의 개별 피부 상태에 맞는 스킨케어 제품을 추천하고 있다. 고객이 스마트폰을 통해 자신의 얼굴 사진을 업로드하면 AI가 피부의 톤, 결점, 주름 등을 분석해 가장 적합한 제품 조합을 제안한다. 또한 브랜드의 다양한 제품을 가상으로 사용해 보는 메타버스적 경험을 적극 유도한다. 이러한 맞춤형 경험은 고객에게 자신만을 위한 독특한 뷰티 솔루션을 제공함으로써 브랜드 충성도를 높이고, 고객이 자신의 필요와 선호에 정확히 부합하는 제품을 찾는 데 도움을 준다.

이제 거의 모든 패션 브랜드가 AI 아트를 활용해 가상 피팅 룸 경험을 제공한다. 고객이 온라인에서 자신이 선택한 의상을 가상으로 입어 보고, AI가 실시간으로 개인의 체형과 취향에 맞는 스타일을 추천하는 방식이다. 이는 고객의 구매 의사 결정을 돕고, 온라인 쇼핑의 경험을 오프라인 쇼핑에 가깝게 만들어 만족도를 높인다.

AI 아트를 활용한 사용자 맞춤형 비즈니스는 고객과의 상호 작용을 깊이 있게 만들고, 브랜드와 개인 간의 정서적 연결을 강화하는 데 중추적인 역할을 한다. 이러한 기술은 기업이 고객의 기대를 초과하는 경험을 제공하고, 변화하는 시장에서 지속적으로 경쟁 우위를 유지할 수 있도록 돕는 중요한 자산이 되고 있다.

AI 아트는 시각적으로 매력적이고 독창적인 콘텐츠 제

작을 가능하게 함으로써 기업의 마케팅 전략에 핵심적인 역할을 할 수 있을 것이다. 개인화된 경험을 제공하고, 소셜 미디어에서 강력한 메시지를 전달하며, 고객의 관심을 끌어냄으로써 AI 아트는 이미 수많은 기업들이 강력한 도구로 활용하고 있는 추세다.

참고문헌

배소진(2023.8.7). "D2C 외치던 나이키, 왜 도매업체에 숙이고 들어가나?". 머니투데이. https://news.mt.co.kr/mtview.php?no=2023080411541725899

Deloitte AI Institute. Generative AI and the tuture of work. https://www2.deloitte.com/us/en/pages/consulting/articles/generative-ai-and-the-future-of-work.html

Quick, T.(2023.3.11). AI Art in Marketing: A Comprehensive Guide for Businesses. *Jounce AI.* https://www.jounce.ai/blog/ai-art-marketing-guide

09

예술 마케팅 분석도구로서 생성형 인공지능

생성형 인공지능은 예술 창작부터 큐레이션, 마케팅까지 광범위하게 활용되며, 관객과의 소통을 강화하고 맞춤형 전시를 가능하게 한다. '마이 라이프, 마이 멧'과 '스토리텔러'와 같은 AI 기반 서비스는 사용자 데이터를 분석해 개인화된 예술 경험을 제공한다. 이러한 기술은 컴퓨터 비전, 음성 인식, 클라우드 인프라 등을 활용해 예술과 기술의 융합을 촉진한다.

큐레이션과 전시 기획

생성형 인공지능은 예술과 문화 산업에서 점점 더 중요한 도구로 자리 잡고 있다. AI는 예술 작품의 생성뿐만 아니라 자연어 입력을 기반으로 한 손쉬운 마케팅, 분석, 큐레이션에서도 광범위하게 활용되며, 예술 작품의 가치와 시장 트렌드를 파악하고 최적의 전시와 마케팅 전략을 수립하는 데 큰 도움을 준다. 이를 통해 AI는 예술의 상업적 가치를 높이는 동시에 더 넓은 관객층과 소통할 수 있는 기회를 제공한다. 이러한 발전은 예술 세계의 전통적 패러다임을 혁신적으로 변화시키며, 예술가, 큐레이터, 수집가, 관객 모두에게 새로운 가능성을 제시한다.

AI 도구는 큐레이터가 더 깊이 있는 데이터 기반 통찰력을 통해 전시회를 기획하고, 관객 선호도와 문화적 트렌드를 분석하여 작품을 선별하는 데 유용하다. 예를 들어, AI는 관람객의 나이, 성별, 방문 빈도 등의 인구 통계학적 데이터를 분석하여 특정 집단의 관심을 끄는 예술 작품을 추천할 수 있다. 이러한 통찰력은 갤러리와 박물관이 맞춤형 전시회를 기획하는 데 필수적이다. 또한 AI는 특정 작품에 대한 관객의 후기를 수집해 텍스트를 분석하고 감정 분석을 수행함으로써 관객의 정서적 반응을 예측할 수 있다. 이로써 큐레이터는 감동적이고 개인화된 전시 경험을 제공할 수 있다.

좋은 사례로 회자되는 '마이 라이프, 마이 멧(My Life, My Met)'은 메트로폴리탄 미술관이 마이크로소프트, MIT와 협력해 만든 인공지능 기반 서비스다. 사용자의 인스타그램 게시물을 분석하고 메트로폴리탄 미술관 소장품과 매칭해 개인의 일상과 예술 작품을 연결한다. 미술관의 과거와 관객의 현재를 시각적으로 연계하고, 예술의 접근성을 높여 개인적 의미를 부여하는 데 의미가 있다. 이는 코로나가 한창이던 2020년에 메트로폴리탄 미술관의 오픈 액세스 플랫폼 출시와 함께 진행되던 프로젝트였다. 코로나로 모두가 고립된 시기 예술과 SNS를 인공지능 기술로 결합하여 친숙하고 개인화된 예술 경험을 제공했다.

같은 행사의 일환으로 진행되었던 '스토리텔러(Storyteller)'는 사용자가 들려주는 이야기를 음성 인식 AI로 분석하여 그와 관련된 미술관 소장품을 매칭해 주는 시스템이다. 사용자의 이야기를 기반으로 관련 예술 작품들을 그림책처럼 구성하여 보여 줌으로써, 사용자가 자신의 이야기와 예술 간 새로운 연결을 발견할 수 있도록 돕는다. 다양한 언어권 사용자를 위해 약 60개의 언어를 지원해 다채로운 문화적 접근을 가능하게 했다. '스토리텔러'는 예술과 개인의 경험을 연결함으로써 관람객의 참여를 높이고, 예술 작품에 대한 새로운 해석과 의미를 부여하는 데 큰 역할을 한다.

두 서비스는 사용자 데이터를 분석하고 이를 기반으로 적절한 예술 작품을 매칭하기 위해 컴퓨터 비전, 자연어 처리(NLP), 음성 인식 등의 기술을 사용했다. '마이 라이프, 마이 멧'에서는 인스타그램 이미지와 예술 작품의 시각적 유사성을 찾기 위해 컴퓨터 비전 알고리즘이 필요했으며, '스토리텔러'에서는 사용자의 이야기를 이해하고 관련 작품을 연결하기 위해 음성 인식과 NLP 기술이 필수적이었다.

'스토리텔러'의 다국어 음성 인식이나 '마이 라이프, 마이 멧'의 대규모 이미지 매칭 작업은 클라우드 인프라(서버, 스토리지, 네트워크 등)의 확장성을 통해 효과적으로 지원될 수 있었다. AI 모델의 훈련과 데이터 처리를 위한 방대한 컴퓨팅 자원이 필요하므로, 마이크로소프트 애저(Azure)와 같은 클라우드 컴퓨팅 플랫폼을 사용했다.

사용자 데이터를 기반으로 개인화된 경험을 제공하려면 신뢰성 높은 메타데이터 관리 체계가 필요하다. 메트로폴리탄 미술관의 디지털 소장품에 대한 데이터 관리 시스템이 이 모든 퍼포먼스의 기초였다. 이 점에서 오늘날 미술관이나 박물관이 해야 할 일은 성급한 생성형 인공지능 서비스의 도입이 아니라 자체 소장품에 대한 메타데이터 구축일 것이다.

소셜 미디어와 마케팅

오늘날 소셜 미디어는 예술 산업에서 필수적인 홍보 수단으로 자리 잡았다. 생성형 인공지능은 이러한 소셜 미디어 채널에서 예술 기업과 아티스트가 청중과 효과적으로 소통할 수 있도록 돕는 강력한 분석 도구로 활용된다. 예술 기관은 AI 기반 분석을 통해 관객의 행동 패턴을 이해하고, 보다 타깃팅된 마케팅 캠페인을 수행할 수 있다. 훗스위티(Hootsuite)와 같은 AI 지원 기반 분석 플랫폼은 소셜 미디어의 댓글, 좋아요, 공유 등을 분석하여 특정 게시물이 관객에게 어떤 반응을 불러일으켰는지를 평가해 기업이나 고객에게 전달한다. 이를 통해 갤러리와 아티스트는 콘텐츠를 개선하고 잠재 고객을 효과적으로 타깃팅할 수 있다.

또한 생성형 인공지능은 마케팅 캠페인에 필요한 독창적인 콘텐츠 제작에도 기여할 수 있다. 하이퍼테누스(Hypotenuse)는 인공지능을 활용해 신속하게 고품질의 콘텐츠를 생성하는 도구로, 마케팅 카피, 블로그 포스트,

제품 설명 등을 효율적으로 작성하도록 돕는다. 새로운 프로젝트 시작 후 작성하고자 하는 콘텐츠의 주제나 키워드를 입력하고, 원하는 콘텐츠 유형과 세부 설정(예: 타깃 독자, 글의 톤, 길이 등)을 맞춘 후 AI가 콘텐츠를 생성하도록 요청한다. 생성된 텍스트를 사용자가 검토, 편집해 맞춤형 콘텐츠를 완성한다. 하이퍼테누스는 AI의 정확성과 인간적인 감각을 결합해 홍보 마케팅에 효율적인 글쓰기를 지원하며, 브랜드의 고유한 목소리를 유지하는 점이 특징이다. 이와 비슷한 기능의 서비스는 점점 늘어나는 추세다.

결국 인공지능과 예술 비즈니스의 결합은 단순히 기술을 도입하는 데서 그칠 것이 아니라, 예술의 전통적 가치를 새로운 관점에서 바라보고 관객과의 연결을 혁신적으로 확장하는 과정으로 나아가야 한다. AI 기반 도구는 예술 작품을 개인화된 경험으로 변화시켜 더 넓고 깊은 문화적 이해를 촉진하는 중요한 수단이 되고 있다. 하지만 이러한 기술이 효과적으로 활용되기 위해서는 예술 기관들이 소장품에 대한 메타데이터와 관람객에 대한 피드백 데이터 수집 체계를 구축하고, 오로지 사용자 경험을 중심에 둔 접근 방식을 집요하게 파고들어야 한다. 미래의 예술과 문화 산업이 기술과 함께 발전하기 위해 필요한 것은 깊이 있는 데이터 관리와 인간 중심의 인공지능 활용이 다.

참고문헌

이보아(2023.11.30). "해외 예술계의 오픈 소스 활용 사례". 웹진 예술경영 https://www.gokams.or.kr/webzine/mobile/plan/view.asp?c_idx=85&idx=2662&page=1

Behrendt, K.(2019.2.11). New Perspectives on Storytelling, Artificial Intelligence, and Art. *The Metropolitan Museum of Art.* https://www.metmuseum.org/perspectives/new-perspectives-storytelling-art-artificial-intelligence

10

인공지능 예술 비즈니스에 대한 전망

생성형 인공지능을 활용한 꿈-예술가 비즈니스는 꿈에서 얻은 영감과 창의성을 인공지능 기술을 통해 외부로 재현함으로써 예술가들이 새로운 창작 방식과 몰입적 경험을 제공할 수 있는 가능성을 열고 있다. 그러나 꿈의 상업적 활용과 인간 무의식의 착취 위험이 제기되며, 개인과 사회 사이 윤리적 경계를 지키는 것이 중요한 문제로 떠오르고 있다.

생성형 인공지능을 이용한 꿈-예술가 비즈니스의 가능성

생성형 인공지능을 활용한 꿈-예술가 비즈니스는 예술 창작의 새로운 경계를 열고 있다. 꿈은 종종 인간 내면의 가장 창의적이고 강렬한 영감을 제공한다. 꿈속 장면이나 소리를 재현할 수 있는 기술이 발명된다면 예술계는 기존의 틀을 벗어나 새로운 방식으로 창작하고 관객과 소통하게 될 것이다. 이러한 비즈니스 모델은 AI, 뉴런 스캐닝, 가상 현실 등의 기술이 발전하며 점차 현실화되고 있다. 꿈은 무의식의 세계에서 생성되는 복잡하고 상징적인 내러티브와 이미지를 담고 있다. 이러한 이미지를 예술로 변환하는 데 생성 AI는 중요한 역할을 할 수 있다. 예를 들어, 일본의 예술가 쿠사마 야요이는 작품을 통해 작가 자신의 무의식적 심상과 환각을 시각적으로 표현하는 데 집중하고 있는데, AI는 이러한 과정을 더욱 확장할 수 있는 도구가 될 수 있다. 만약 꿈에서 경험한 환상적인 장면이나 소리를 AI로 시각화하거나 소리화할 수 있다면, 예술가는 창의적 과정에서 새로운 지평을 탐구할 수 있다. 이러한 가능성은 예술을 단순히 시각적 · 청각적 차원을 넘어선 몰입적 경험으로 재해석하게 만든다.

최근의 기술적 발전은 꿈을 예술로 변환하는 구체적인

가능성을 제시하고 있다. 네덜란드 라드바우드대학 연구팀은 fMRI(기능적 자기 공명 영상)를 통해 시각 뉴런 활동을 분석하고 이를 AI 알고리즘에 입력해 본래의 자극과 유사한 이미지를 출력하는 데 성공했다. 이 기술은 내면의 경험을 가시화하는 데 중요한 발전으로 평가받고 있다. 예술가들은 자신이 꿈속에서 본 장면을 더욱 생생하게 재현하고 관객과의 새로운 형태의 소통을 가능하게 하는 창작 도구로 활용할 것이다.

이렇게 꿈의 재현 기술이 발전하면서, 니콜라 테슬라(Nikola Tesla)가 꿈꿨던 꿈 상영 장치의 아이디어와도 연결되는 부분이 흥미롭다. 니콜라 테슬라는 자신의 상상력과 내면적 영감을 통해 수많은 발명을 이룬 인물로 알려져 있다. 그는 매우 선명한 비전과 꿈을 통해 물리적 현실을 초월하는 발명들을 구상했으며, 자신의 상상 속에서 복잡한 기계 작동을 시뮬레이션했다고 전한다. 그는 꿈속에서 경험한 심상과 내러티브를 물리적 현실로 재현하는 기술을 꿈꿨지만 당시 기술의 한계로 접근할 수 없었다.

이 기술이 더 발전한다면, 예술가와 과학자가 꿈을 통해 새로운 도구와 작품을 창조하고, 더 나아가 이를 사회와 공유하며 인류의 창조성을 극대화하는 새로운 장이 열릴 수 있다.

꿈과 예술의 사회적 착취 가능성

꿈-예술가 비즈니스는 예술 창작의 새로운 지평을 열어 주지만, 그와 함께 심각한 윤리적 논란을 수반할 가능성이 크다. 꿈은 인간의 무의식에서 비롯된 가장 깊고 개인적인 경험이다. 이러한 내면의 경험을 상업적 수단으로 전환하고 기술적으로 활용하는 과정에서 윤리적 · 사회적 문제가 발생할 수 있으며, 특히 권력 관계의 불균형과 착취의 위험이 존재한다. 개인의 무의식적 경험이 데이터로 수집되고 가공될 경우, 상업적 이해관계가 개인의 자율성과 프라이버시를 위협할 수 있고, 인간의 창의성과 감정적 자율성을 도구화하는 문제로 이어질 수 있다.

이러한 현상은 과거 18세기 자카르 직조기의 사례와 유사하다. 조제프 마리 자카르(Joseph Marie Jacquard)는 천공 카드를 사용해 복잡한 직물을 자동으로 짜는 프로그램을 개발했고, 이는 당시 수공예 장인들의 노동을 대체하고자 하는 의도로 활용되었다. 자동화된 기계가 기존에 인간이 수행하던 정교한 작업을 대신하면서 장인들의 기술적 가치를 약화하고 그들의 생계를 위협했다. 이는 기술 발전과 자동화가 인간 노동의 가치를 평가 절하하고 착취의 새로운 형태로 전환될 수 있음을 보여 주는 역사적 사례다. 현대의 AI 기술이 자카르 직조기처럼 인간의 창작 활동을 대체하거나 상업적 이익을 위해 이용될 경우, 인간 노동과 창작물에 대한 가치가 왜곡되고 착취 구조가 반복될 위험이 있다.

프로그램과 기계 기술의 발전은 언제나 인간 노동의 착취 문제를 내포해 왔다. 초기 산업 혁명에서 기계화는 대량 생산을 가능케 하며 산업 발전에 기여했지만, 동시에 노동자들의 일자리를 위협하고 열악한 노동 조건을 초래하기도 했다. 현대 AI 기술이 무의식적 경험과 예술을 상업화하는 과정에서도 이와 비슷한 착취 구조가 나타날 수 있다. AI 기술은 데이터를 수집하고 가공하는 과정에서 창작자들의 경험과 무의식을 자원으로 삼아 상업적 이익을 창출할 가능성이 크다. 이로 인해 데이터 제공자와 기술 제공자 간의 권력 관계가 불균형하게 형성될 수 있으며, 창작자의 권리와 기여가 제대로 평가받지 못할 수 있다.

따라서 꿈-예술가 비즈니스에서 중요한 것은 인간의 경험을 데이터로 전환하는 과정에서 윤리적 기준을 설정하고 권리와 프라이버시를 보호하는 것이다. 꿈과 무의식은 개인의 가장 깊고 중요한 부분을 구성하기 때문에, 이를 상업화할 때 인간 창작자와 기술 제공자 간의 공정한 관계와 윤리적 가이드라인이 필요하다. 인공지능 기술이 창작을 도와 새로운 가능성을 열어 줄 수 있지만, 그 과정에서 인간 창작자의 가치와 존엄성이 훼손되어서는 안 된다.

기술과 제도가 아직 미완성 상태일 때 우리는 그 경계와 가능성을 더욱 자유롭게 상상하고 논의할 수 있다. 인간의 무의식적 경험과 창작의 과정을 상업적 수단으로 변환하는 것이 얼마나 위험하고 논쟁적일 수 있는지를 깨닫는 한편, 이러한 가능성 속에서 인간의 창의성과 상상력이 어떻게 기술과 결합하여 새로운 형태의 예술적 가치를 창출할 수 있는지도 탐구할 수 있다. 마지막 장에서 꿈-예술가 비즈니스에 대한 사변을 늘어놓는 것은 이 공상의 무대가 앞으로 우리에게 펼쳐질 미래의 축소판일지도 모르기 때문이다.

공상의 무대에서 모든 비즈니스는 기술과 예술이 상호작용하며 세상에 끊임없이 새로운 의미를 창조할 통로가 되어야 한다. 기술이 특정한 방향으로만 성장하거나 예술의 잠재적 가능성을 억누르는 방식으로 나아가서는 안 된다. 불완전성 속에서 예술과 기술, 비즈니스가 서로를 보완하며 진정한 공존의 길을 모색하는 과정을 찾아보자.

참고문헌

Kasahara, M., Oka, T., Taschereau-Dumouchel, V., Kawato, M.,

Takakura, H., & Cortese. A.(2024.1.30). Generative AI–based closed–loop fMRI system. *arXiv.* https://arxiv.org/abs/2401.16742

Parshall, A.(2023.5.1). A Brain Scanner Combined with an AI Language Model Can Provide a Glimpse into Your Thoughts. *Scientific American.* https://www.scientificamerican.com/article/a-brain-scanner-combined-with-an-ai-language-model-can-provide-a-glimpse-into-your-thoughts/

오영진

서울과학기술대학교 융합교양학부 초빙조교수다. 한양대학교에서 국어국문학과를 전공했고, 한국 현대시를 전공해 석사 학위를 받았다. 2014년 잡지 ≪쿨투라≫에 문화평론가로 데뷔했다. 이후 문학과 문화의 경계를 넘나드는 글을 써 왔다. 주요 논문으로는 "컴퓨터게임과 유희자본주의"(2016), "공감장치로서의 VR"(2017)가 있다. 『한국 테크노컬처 연대기』(공저, 2017), 『81년생 마리오』(공저, 2017), 『금지된 것들의 작은 역사』(공저, 2018) 등을 집필했다. 2015년부터 한양대학교 에리카 교과목 '소프트웨어와 인문비평'을 개발하고 ≪기계비평≫의 기획자로 활동해 왔다. 컴퓨터게임과 웹툰, 소셜 네트워크 등으로 대변되는 디지털 문화의 미학과 정치성을 연구하고 있다. 시리아 난민을 소재로 한 웹반응형 인터랙티브 스토리 〈햇살 아래서〉(2018)의 공동개발자다. 가상세계에서 비극적 사건의 장소를 체험하는 다크투어리즘 〈에란겔: 다크투어〉(2021)와 학술대회 'SF와 지정학적 미학' 연계 메타버스 〈끝나지 않는 항해〉(2021), 〈AI 공포 라디오 쇼〉(2022. 아트센터나비), 〈ChatGPT WAR 1부〉(2023. 플랫폼엘, KADA, NMARA), 〈창조적 경계: AI 문장 채굴꾼〉(2024. CT페어 1섹션)을 연출했다.